목요일 9시
당신이 내 이름을 부릅니다

| 문학과 치유 01 |

목요일의 시

당신이 내 이름을 부릅니다

대표저자 황임란

손민영 성은주 이명미 정민희 이미정 박지혜
최미영 정지은 김민주 문윤정 이혜연 강소향

| 저자 서문 |

목요일 오전 9시,

근 12년 이상 우리는 목요일 9시에 만났다.

'문학과 글쓰기를 통한 상담과 치료'가 모든 강좌의 주제였고 우리는 주어진 시간 동안 주제에 부응하는 실험적 탐구를 하였다. 탐구의 목적은 문학의 예술성art과 상담 심리학의 과학적science 측면을 통합적으로 적용하여 인문치유Humantherapie와 성장의 창의적 접근법을 확인하는 데 있었다.

대학원생들과 목요일 탐구 시간을 함께 하면서 발견한 것이 있다. 목요일은 오전 9시부터 밤 9시까지 각자의 삶에 온전히 수업 주제가 머물 뿐 아니라, 그 다음 주 목요일까지 연속적으로 자발적 탐구 시간이 이어진다는 사실이다. 이런 현상은 대학원 수업이 진행된 12년 내내 지속되었다. 수강생들은 수업 시간을 통해 학문적 성숙은 물론 자기 탐구와 치유 그리고 성장이 동시에 일어나는 것을 진심으로 기뻐하였다. '스스로 찾은 나 A mind that found itself'의 경험이 일어나고 매슬로 Maslow가 강조한 시너지synergy 즉 더불어 작업하는working together 현상이 나타난 것이다. 이런 시간들을 통해 대학원생들은 학문적 전공에 대한 자기 체험적 확인과 자신감이 점점 분명해졌고 본서 '목요일 9시'는 그 결과를 공유하려는 의지가 발현된 산물이다.

'목요일 9시'는 삶의 메타포 metaphor이다.

우리 인생이 일주일로 이루어져있다면 목요일 9시는 참으로 의미있고 행복한 날이다.

주초부터 준비해온 인생의 수요일을 넘어서면서 만나는 목요일은, 준비된 독립적 성인으로서 또는 전문가로서 도약하는 시기이자 그동안의 시간을 책임질 수 있는 시간이다. 한편으로는 지금까지 온 길과는 다른 또 다른 새로운 길을 선택해도 늦지 않은 충분한 때이기도 하다. 목요일 오전 9시는 아직 온전한 하루가 남아있는 시작의 시간이고, 목요일 이후로도 많은 요일이 남아있기에 희망차다. '목요일 9시'는 중의적 표현이다. 내일이면 다가올 주말을 기다리는 고요한 저녁시간이다. 이 시간에 우리는 못 다한 마무리를 보완할 계획을 세우고, 주중의 노곤한 시간들을 위로하며 스스로 힘을 북돋운다. 일주일의 시간 속에서 우리를 점검하는 시간이다. 인생을 성찰하며 남은 시간들을 감당할 내면의 에너지를 확인하고 재충전하는 준비의 시간이다. 우리는 목요일을 사랑한다. 우리의 오늘은 언제나 목요일 9시이기에 더욱 그렇다.

필자 역시 개인적인 삶에서 목요일 9시를 경험하고 있다. 인생 100세 시대에 이제 이순耳順이니 목요일 9시가 아닌가. 필자는 '인생은 60부터'라는 말을 참으로 좋아했다. 좋아하는 시간이 왔으니 즐겨 만끽함이 당연한 몫일 것이다. 상담학을 전공한 전문가로 활동하며 살아온 30여 년의 시간을 정리하고 기뻐하며 더불어 또 다른 꿈을 꾸는 지금이 진심 감사하고 행복하다.

'목요일 9시'의 구성은 '문학과 글쓰기를 통한 상담과 치료'의 전 과정을 세 가지 영역으로 축약해서 제시하고 있다.

1부에서는 '문학과 글쓰기를 통한 상담과 치료'가 어떻게 진행되는가를 시 형식으로 전개하고 있다. 상담자counselor인 전문 조력가professional helper의 자세와 목적 의식을 순차적으로 이해하도록 돕고 있으며 참여자 participants로서 저자들의 경험을 몇 편의 시로 제시하고 있다.

2부에서는 '문학과 글쓰기를 통한 상담과 치료'라는 전문 영역을 준비하는 예비 조력가 당사자들의 준비와 훈련 과정에서 일어난 성장 경험을 모아놓았다. 우리의 실험적 탐구에서는 동반성장同伴成長을 매우 중시하였다. 주된 이론적 접근은 매슬로Maslow와 윌버Wilber의 이론이 중심이었고 그 외에 전통적 상담심리 이론과 함께 다양한 트랜스퍼스널 심리학transpersonal psychology의 이론들을 다루었다.

3부는 실험적 탐구의 학문적 결과물로 연구자들의 사례와 논문으로 구성되어 있다. 주로 목적 문학을 지향하는 저자들의 창작품과 기존 논문들을 재정리하였다.

사실 이 책이 출간될 수 있었던 것은 정기철 교수님의 초대가 있었기 때문이다. 좀 시간이 지난 이야기로 필자는 캐나다 브리티시컬럼비아 대학교(UBC) 교육 및 상담심리학과 초빙교수로 있었던 시기에 창의적 글쓰기Creative Writing에 관심을 갖고 연구하였지만 당시 국내에서는 그 분야에 관심이 적었던 때였기에 안타까운 마음이 있었다. 귀국을 하니 정기철 교수님께서 문예창작학과 글쓰기교육전공 대학원생들과 상담심리를 함께 공부하면 어떻겠냐고 그 만남의 시작을 열어주셨다. 그 초대는 언제 생각하여도 참으로 기쁘고 감사하다. 이후 지금까지 늘 전경figure과 배경ground으로 우리의 학업을 도와주시는 정기철 교수님께 다시 한 번 이 자리를 빌려 진심으로 감사드린다.

또한 이 책이 출간되기까지의 현실적인 진행에서 필자가 평소 동방박사라 칭하는 한남박사 손민영, 성은주, 이명미 삼인 박사군의 노력이 매우 컸다. 그들의 헌신적인 노력으로 계획된 시기에 이 책이 출간될 수 있었다. 삼인 박사군께 감사드린다. 우리의 작업은 혼자 할 수 없었고 모두의 힘이 모여 이루어진 것이다. 여러모로 바쁘고 어려운 시기에 흔쾌히 본서의 출간 작업에 참여해 주신 모든 12명의 저자들께 진심으로 감사드린다. 특히 본서의 제호 '목요일 9시'를 정하는데 크게 기여하신 김민주 선생과 삽화 작업을 흔쾌히 수락해 주신 김재송 화백께 감사드린다. 또한 출판 작업의 촉박함을 미소로 응해주신 이든북 이영옥 사장님께도 고마움을 전한다. 마지막으로 우리의 삶에서 우리가 하는 일에 물심양면 도와주시는 우리 모두의 가족 분들께 고마운 마음과 사랑을 전한다.

우리 모든 필자들은 이 책을 통해 많은 독자들이 우리와 함께 동반성장하기를 두 손 모아 기대한다.

인생의 목요일 2019년
오월의 에메랄드 초록 향연 속에서
저자들을 대표하여
일희一希 황일란

■ 004 ··· 저자 서문 황임란

Part I
내 삶에 새겨진 목요일 9시

012 ···	황임란	목요일 9시
		행복
		씨감자
		雲水香
		우리는
		목요일 9시 명상
021 ···	성은주	라넌큘러스
		둥근 창문
024 ···	손민영	발효
		단풍잎
027 ···	박지혜	애국나무
		달을 오르며
029 ···	김민주	이균여사팔순기념
		돌아오는 길에

CONTENTS

CONTENTS

Part II

아름다운 삶은 메타포로 시작된다 — 수필

- 034 ⋯ 최미영　아름다운 삶은 메타포로 시작된다
- 038 ⋯ 손민영　사람을 키우는 언어 사용법
- 042 ⋯ 이명미　유혹, 확신, 기대
- 047 ⋯ 정민희　나를 탐구하던 시간
- 051 ⋯ 이미정　아픈 만큼 성장한다
- 054 ⋯ 박지혜　훌륭합니다
- 057 ⋯ 정지은　가지 않은 길
- 060 ⋯ 문윤정　덕분에 사람답게 살고 있습니다
- 065 ⋯ 이혜연　나를 이해하는 시간
- 068 ⋯ 강소향　태양빛을 가르며 달려가는 말

Part III

발견한 확장 — 학술

- 072 ⋯ 문윤정　작아지고 싶은 아이
- 081 ⋯ 손민영　충분히 머물 수 있는 기회를
- 091 ⋯ 정민희　내 안의 장미
- 099 ⋯ 박지혜　매슬로우 욕구 이론에 근거한 소설 속 인물 분석
- 112 ⋯ 성은주　전후 한국시에 나타난 자연과 병리학적 상상력
- 139 ⋯ 이명미　글쓰기 상담을 통한 인지·정서·행동 변화
- 176 ⋯ 손민영　자기발견을 통한 성장의 글쓰기

■ 198 ⋯ 편집후기　손민영

모옹이 9시

당신이 내 이름을 부릅니다

Part I / 시

내 삶에 새겨진
목요일 9시

황임란

목요일 9시 외

당신이 나의 이름을 부릅니다
당신을 바라봅니다

당신은 내가 나를 사랑할 때까지
나를 사랑했습니다

나도 당신을 사랑합니다

행복

내가 얼마나 행복한지 이야기 해줄까

아니, 말하지 마, 재수 없어
나도 행복에 대해 가끔은 자주 생각하곤 해
하지만 지금 네 행복을 듣고 싶지는 않아

어쩌지
내가 행복한 건 너 때문인데

씨감자

감자 감자 씨감자
으뜸 감자 씨감자

알고 보니 그 감자
못난 감자 쭈글이

버려져선 안 되는
귀한 감자 씨감자

雲水香

꽃은 하늘로 향기를 전하고
구름은 꽃을 향해 비를 내린다

그 비에 젖은 땅은 꽃을 피우고
하늘과 땅 사이엔 향기가 가득

우리는 그 속에서 별을 찾는다

우리는

우리가 헤어질 수 있을까
우리가 멀어질 수 있을까
우리가 이대로 남이 될 수 있을까

우리가 함께한 눈물의 시간
우리가 같이 만든 기쁨의 날들
우리가 서로 나눈 지지와 위로를 기억한다면

우리는 멀어질 수 없을 것
우리는 이별할 수 없을 것
우리는 사랑할 수밖에 없을 것
우
리
는

목요일 9시 명상

당신을 바라봅니다
고요한 이 시간 당신을 바라봅니다

우리는 벌써 함께였지만
이제야 온전히 당신을 바라봅니다

당신의 온화한 얼굴이 나를 편안하게 합니다

당신의 눈 속에 내가 있습니다
내 눈 속에도 당신이 있겠지요
우리는 서로에게 자신을 봅니다

당신을 보고 있으니 말하지 않아도 당신의 목소리가 들립니다
당신도 소리 없는 나의 이야기가 들리시겠죠

반듯한 이마가 눈에 들어옵니다
당신이 꿈꾸는 높은 이상을 말해줍니다
빛나는 눈동자
당신 내면의 순수를 말하고 있습니다
오똑한 코

당신이 진정 애써 지켜온 자존自尊을 보여줍니다
살짝 다문 당신의 입술
하고 싶은 말 다하지 않고 차마 말 못한 이야기를 전해줍니다

당신의 어깨
지어야할 삶의 의무와 꼭 지어야하지 않았던 짐까지 감당한 당당함을 말해줍니다
당신의 가슴
못 다한 많은 새겨진 이야기들이 가득하다고 말하고 있습니다
그래요, 이젠 주저 말고 말하세요
내가 들을게요

.
.
.

가지런한 손이 보이네요
그 손, 자신의 삶의 밭을 쉬지 않고 가꾸어왔음을 말해줍니다
부드럽건 거칠건 끊임없이 노력해온 당신의 성실과 노고가 담겨 있습니다
굳건한 두 다리
세파에 흔들리지 않으려 한껏 견뎌온 담대함과 역경을 감내하며 당신의 삶을 지켜온
가야할 길이 어디인가를 찾아 자기 길을 여행해온 고단함과 보람이 함께 보입니다
낡은 듯 정갈한 신발이 눈에 들어옵니다

익숙한 듯, 낯선 듯 묵묵히 걸어온 당신의 시간들이 켜켜이 쌓여 있습니다.

정말 당신이 다시 보입니다
머리끝에서 발끝까지 말하지 않아도 말하고 있는 당신이 보입니다

당신에게 가까이 가고 싶습니다
더욱 커 보이는 당신

손을 잡아보고 싶습니다
당신 삶의 진실이 느껴집니다

당신에게 좀 더 가까이 가고 싶습니다
존재存在로 이야기 해준 당신께 감사드리고 싶습니다
안아드리고 싶습니다
안아드려도 되겠습니까

당신은 한 그루 나무
당신은 한 폭의 그림
당신은 한 편의 시
당신은 한 줄기 바람입니다

당신을 사랑합니다

성은주

라넌큘러스 외

지구 한 모퉁이에 도착했습니다

혼자 구름 움직이는 소리만 듣다가
가끔 당신이 내 이름을 부릅니다

긴 목에 새겨진 초록 살결로
나는 고개를 들어 안부를 전합니다

마주 앉아 새싹을 비비던 날

내 일생을 지켜본 여러 겹의 날씨가
흰 커튼을 열고 습도를 맞춥니다

당신은 축축한 다리를 말리기 위해
속이 텅 빈 나를 데리고 숲으로 갔습니다

우린 같은 방향으로 밑줄이 생겼습니다

그곳에서
오래전 잃어버린 단추를 찾았습니다

둥근 창문

기념일이 그냥 지나간다 유리를 닦는다 단단한 껍질처럼 마주 대고 있지만 언제 깨질지 모르는 사이, 창에서 문으로 살아간다

나는 창문을 믿는다

투명한 것은 죄가 없다
뿌옇게 혼탁해진 시간이 유리에 쌓인다

몸속 돌을 꺼내 놓고 등장인물이 하나둘 사라진다

골목을 머뭇거리다 무대 위에 남아있는 포도나무가 떨어져 죽은 포도를 내려다본다 사라지거나 다시 생겨난 알갱이를 찾다 한쪽 창을 가리고 다른 한쪽 창을 비빈다 우린 늘 텅 비지 않고 나는 왜 너여야 하고 너는 왜 내가 되어야 하는가 구겨진 알갱이처럼 흐린 날씨가 되어 바닥에 던져진 글씨를 읽고 또 읽는다

뾰족한 질문들이 서성인다

흐릿한 식물들이 자라는 둥근 창문에 어둠이 온다 검은 바둑알과 흰 바둑알이 어둠 속에서 다정해진다 느릿느릿 고요하게 손을 모으고 빈칸

을 만든다 여백 안에서 바둑알이 꿈틀거린다 진짜 대화는 말하기가 아니라 듣기라는 사실을 두 개의 창문은 안다

　우린 플라스틱 의자에 앉아 검은 안경을 쓰고
　한참 닦지 않은 이창裏窓*을 떼어내 닦는다

* 앨프리드 히치콕 감독의 영화, 〈Rear Window〉, 1954.

손민영

발효 외

틀렸다 나는 틀렸구나
뒤틀렸다

헤라클레스의 독화살
시간에 던지어지고
무릎에 박히어져
원망처럼 썩히고
낙오처럼 도려냈다

켄타우로스,
포도주 익었으니 그저
즐기면 그만이지 않은가

선택의 주객 인식할 때
시간은 품을 수 있고
무릎은 빛날 수 있나니
환희처럼 상처 익고
절정처럼 의식 날개짓 한다

켄타우로스,
켄타우로스의 수준*으로
문 두드리네

틀리지 않다 나는
다르구나 색다르다

* 통합심리학자 켄 윌버가 다룬 인간의식의 상위수준

단풍잎

세계로부터 도태된다는 예감
격리 소외 버리데기

하염없는 두려움과 배반감 자기모순 경계심과 애수
일말 용기로 드러낼 때

다른 세계의 아름다움 된다

그조차 뿌리로 내려놓는다
과거를 품는 미래의 잉태

박지혜

애국나무 외

　금산사 오르는 길엔 몇 백년 동안 공기를 먹고 뱉고 살아 온 나무가 한 그루 있다.

　나라에 큰 일 있을 때마다 눈물 흘린다는 그 나무 앞에 서서 오늘은 나무가 눈물 흘리지 않았나 가만히 손 대어 보았다. 나무를 만지자 끈적끈적한 액 묻어 나왔다 침이 묻었다.

　나라에 큰 일 있을 때마다 눈물 흘린다더니 오늘은 왜 침을 뱉냐 물으려다 기분 언짢아 보여 발길 돌렸다. 돌아 나오는 길 뭔가 밟혀 아래 보니 누가 읽다만 신문 나뒹굴고 있다.

　오호라 침 뱉은 저 놈 오늘 신문 본 게로구나 침 묻은 손 신문지에 쓱쓱 닦다보니 하얀 손에 검은물 어제보다 더 들었다.

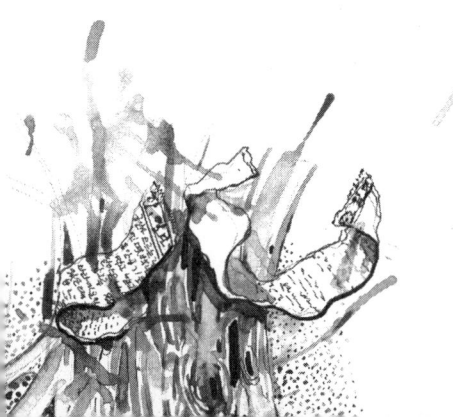

달을 오르며

추석날 저녁,
제법 환해진 달빛을 타고 보문산에 올랐다
가로등이 부끄러운 등산로 따라
시간을 밟고 오르는 한 발 한 발

불빛 하나 없는 컴컴한 길
오늘은 여유롭게 땅위로 솟은 통통한 나무뿌리까지
보여 주는 넉넉한 산이다

시루봉 반도 못가 허리 펴고 길게 서 있는데
머리카락으로 뺨으로 팔 다리로
내가 오른 반대쪽으로만 스쳐 지나가는 바람
오늘 바람에서는 시간 냄새가 났다

달빛은 내가 밟을 저 길 앞에 스며들고
그 길 밟고 지나갈 때
달빛도 시간도 서서히 사라지고 있다
한두 번 만나 쉽게 길 내주지 않는 저 산
바람 속에 묻혀 스쳐가는 세월의 서툰 감정
나 오늘 가슴 속에 심고 왔다

김민주

이균여사팔순기념 외

늙은 교수는 밤새
문학적 사유와,
그 사유의 흐름이 부족한 우리 젊은이들을 질책했다
혼이 난 것은 아니나
혼이 난 아이처럼 집으로 돌아간다

어두운 골목이 날 비춘다
공복에 스민 소주를 달래려
라면을 산다

센서등이 날 반기고
넥타이를 계획 없이 던지고
작은 냄비에 물을 올린다
물이 채 끓기도 전에
손과 부딪친 냄비 손잡이는 고개를 틀고
바닥에 물을 토한다

물기를 닦아 낼 때,

새하얀 수건이 말을 건다
뭐땀시 요놈을 쏟아쓰까잉
요새 힘이 많이 들고 그르냐아?

내 어미의 어미는
늦은 새벽 새하얀 수건으로
손주를 달랜다
대견하게도 손주는 우는 법이 없다

이렇게 대견하게 살다보면
구순기념 수건을 받겠구나 하며
설거지를 미룬 채 잠이 든다

돌아오는 길에

내 어미는 아침 댓바람부터
멸치를 볶아댔다
아들이 취중에 뱉은
못난 부탁 때문에
내 어미는 아침 내내
멸치를 볶았다
'까먹지 말고 챙겨 가라잉'
가방 한켠 멸치를 챙긴
멸치체형의 아들은
눈이 붉어져
미처 하지 못한 대답을
추풍령을 지나며
전화 너머 토해냈다

사랑
한 단어를
십 수 년째 주저하던
멸치체형의 아들은

긴 밤 홀로 맥주 한 캔 들이키며
멸치 한 모금
마시고서야
겨우 한마디를 뱉어냈다

Part II 수필

아름다운 삶은 메타포로 시작된다

최미영

아름다운 삶은 메타포로 시작된다

아름다운 삶은 메타포로 시작된다. 내게 황임란 교수님이 그러하다. 내가 졸업 후에도 기억하는 이유다. 단 한 번도 흐트러짐 없이 알찬 강의를 해 주셨다. 늘 단아하고 우아한 옷매무새는 나를 긴장하게 했다. 부드러우면서 카리스마 넘치는 열정은 실개천이 강을 이루듯 내 삶의 기폭제가 되었다. 교수님의 수업을 들으며 함께 보낸 모든 시간들은 삶의 곳곳에 자양분으로 녹아 있다.

인간의 심리를 맛보던 대학원 수업시간은 내 삶의 지침을 바꾸어 놓았고, 교수님의 넉넉하고 격이 있는 수업에 참말로 행복했다. 나이 들어 공부하는 나에게 배려를 아끼지 않았던 교수님. 어느 날이었다. 수업을 마치고 점심을 하면서 문득 여쭸다.

"교수님, 학창 시절 혹시 왕따 아니셨어요?".

"하하~ 그랬던 것 같기도 하구요. 그런데 그걸 내가 모르고 살았지 뭐예요. 차라리 친구들이 제발 나에게 말 걸지 않았으면……, 하면서 혼자 있는 시간이 더 좋았던 걸 보면 말이에요."

"교수님, 댁은 항상 깨끗하지요?"

"에구~ 아니에요. 먼지들도 지들끼리 모일 시간을 줘야지요. 나는 그래서 먼지들끼리 뭉쳐 있는 시간을 주는 편이에요. 그래서 며칠 만에 슬쩍 먼지덩어리들을 손으로 집어서 휴지통에 버리곤 해요."

기억이나 하시려나…….

내 눈에 늘 완벽하게만 보이던 교수님도 사람이셨구나! 교수님에 대한 생각이 방점을 찍던 그 날. 교수님은 건방진 제자의 질문에 답해 주셨고 그건 교수님만의 겸손과 눈높이 소통법이었다는 것을 뒤늦게 알았다. 이렇게 교수님은 사제 간의 벽을 조금씩 허물고 계셨던 것이다. 교수님의 자분자분한 말에는 운율이 있었고, 36.5도의 온도를 유지하고 있었다.

그래서일까? 늘 흔들리는 내 마음의 구심점이 되었다. 교수님 수업을 듣고 나면 마음의 불안이 조금씩 씻겨 내려감을 느낄 수 있었다. 인생을 통찰할 수 있도록 투시력과 혜안을 갖게 하는 수업은 그리 많지 않다. '나는 지금 행복해요. 나는 지금 슬퍼요. 나는 지금 불안해요.' 이렇게 자신을 알아채고 막연한 미래를 손에 잡힐 듯 그려낼 수 있도록 하는 수업이야말로 진짜 학문이다. 학문은 잃어버린 자신을 찾도록 하는 과정이기 때문이다.

내가 대학원에 진학하게 된 이유는 독서지도를 하면서 종종 틱 장애를 갖고 있거나 주의력이 산만한 친구들을 만나게 되는데 그때마다 난감했기 때문이다. 교수님은 이론에만 치우치지 않고 독서치료, 시치료 교재를 병행하시며 여러 심리학자들의 이론과 실제를 경험에서 찾고 삶에 적용할 수 있도록 지도해 주셨다.

이러한 시도는 독서지도를 하고 있는 나에게 꼭 필요한 수업이었다. '성격 장애의 인지치료'라는 수업은 아이들을 틀에 맞춰 이해하기보다는 각각의 개성을 가진 고유한 한 사람으로 이해하고 개념화 할 수 있도록 해 주었다. '심리상담과 치료의 이론과 실제'는 학부모 상담 시 상담자로서 내담자를 어떻게 대해야 할지 방향제시를 해 준 수업이었다.

또 '나 알아차림'에 대한 수업도 기억에 남는다. 나를 이해하고 아이들을 대하다 보니 비로소 그 아이들을 어떻게 지도해야 하는지 선이 면이 되어 보이기 시작했다. 특히 개인적인 삶에 있어서 사춘기 둘째 딸과 부딪치는 경우가 많았는데 딸을 이해하고 받아주면서 현재 아이는 만화 애니메이션 학과에 입학해 가장 행복한 시간을 보내고 있는 중이다.

요즘 사회풍조가 심상치 않다. 방학 중에도 과외수업에 시달리면서 뭐가 옳고 그른지를 스스로 판단하기도 전에 학원으로 내몰리는 아이들, 그러면 안 된다는 것을 알면서도 획일적인 수업에 아이들을 맡길 수밖에 없는 것이 부모들의 현주소이다. 교육의 양극화 또한 심각하다. 최근 'SKY캐슬'이란 드라마가 장안의 이슈인 것도 현대 사회를 예민하게 포착하고 있는 이유 때문일 것이다.

교사로서, 그리고 학부모로서 그 중심에 내가 있다는 것을 잊지 않게 해 주신 교수님! 항상 그 모습 그대로 오래도록 내 기억의 끈을 붙잡아 주시길 기도한다. 내가 먼저 변해야 상대방을 이해하게 된다는 것을 알려 주신 교수님 말씀 되새김질하며 오늘도 살고 있다.

함께 한 추억이 업로드 되었을 때 삶이 풍요로워진다는 것을 잘 알고 있다. 그래서 내가 보고 싶은 것만 보지 않고 자의적인 해석을 자제하려고 노력 중이다. 세상 또한 호락호락하지 않다는 것도 안다. 그래서 내 속물적인 근성을 피하지 않고 정직하게 내 자신과 주변을 응시하면서 살아가려고 한다.

이 모든 것을 피하지 않고 직면할 수 있도록 통로를 만들어주신 주신 교수님!

고맙습니다. 행복해지는 가장 확실한 방법은 나를 이해하고 상대방을 보는 길이라는 것을 스스로 깨닫고 찾아갈 수 있도록 한 지난 시간이 그립습니다. 늘 변화를 꿈꾸는 나에게 배움의 열정과 자기비판을 가능하게 해 주신 교수님의 제자답게 '나 알아차림'을 게을리하지 않고 살아가겠습니다.

| 손민영 |

사람을 키우는 언어 사용법

분석하거나 대치하거나 기교를 부리거나. 문학을 전공하는 동안 교실에서 흔히 다뤄왔던 언어 사용법입니다. 정해진 문법에 틀림없이 사용했는지, 독자의 이해를 돕도록 맥락에 어울리는 단어를 사용했는지, 독자에게 감동을 주는 수사법을 사용했는지 살피는 데에 참 익숙했습니다. 언어가 나를 위해 쓰이는 것보다 다른 사람을 위해 쓰이는 것을 염두에 둔 방법들을 열심히 공부했습니다.

황임란 교수님을 만나면서 나의 언어 세계에 돌 하나가 던져졌습니다. 그 돌은 작은 파장을 만들어 타인에게 향해있던 관심을 내 안으로 향하게 했습니다. 초기에는 그 경험이 낯설고 두려웠던 것 같습니다. 익숙한 것이 편하기도 했고, 내가 감당하기 어려운 상황을 만날까봐 도망치고 싶은 마음도 컸습니다. 그러나 교수님은 꾸준하게 우리는 가치 있고 가능성 있는 사람임을 상기시키며 나를 포함한 우리 반을 응원하셨습니다.

어느 수업시간, 교수님이 이런 질문을 던지셨습니다.

"손 선생은 무엇이 되고 싶어요?"

어린 시절부터 무수히 들어온 질문이지만 그 때까지도 내 마음에 쏙

드는 대답을 찾지 못했던 질문이었습니다. 나는 제대로 대답하지 못했습니다. 교수님은 보석 이야기를 꺼내셨습니다. 반짝이는 보석이 있는데 그 보석이 가공되지 않고 어딘가에 걸리지 않는다면 그저 돌일 뿐, 보석을 보석으로 빛나게 하는 것은 그 자신의 몫이라 하셨습니다. 빛나고자 하는 목적의식 없이 그저 살아지는 대로 살면 돌이 돼버리는 보석과 같이 안타까운 일이라고 하셨습니다. 그 날 이후로 나는 무엇이 되고 싶은가 생각해보았습니다. 이윽고 나는 강하고 현명한 사람이 되고 싶다고 생각했습니다. 어떻게 해야 그런 사람이 될 수 있을지는 더 생각해봐야 했습니다.

교수님과의 만남은 의미있고 재미있는 시간이었습니다. 나를 발견하는 시간이었고, 학문에 대한 체계적인 접근법도 배우는 유익한 시간이었습니다. 그런데도 나는 지각을 매우 자주 했습니다. 교수님과 교실에 같이 들어서는 날은 그나마 나은 날이었고, 5분~10분씩 늦게 교실에 들어섰습니다. 발표자는 발표지를 일주일 전 메일로 제출해야하는데 그 약속을 지킨 날도 없었습니다. 몇 학기가 지나도록 그 모습은 나아지지 않았습니다.

그럴 때면 교수님이 꺼내신 단어가 있습니다. 그것은 바로 '도전'이란 단어입니다. 교수님이 그동안 만나왔던 제자들과 다른 분위기의 우리들을 만난 것은 교수님에게 찾아온 '도전'이라 하셨습니다. 꾸준히 지각을 하고 꾸준히 약속을 지키지 않는 손 선생과의 만남도 교수님에게 찾아온 '도전'이었습니다. 자신에게 찾아온 '도전'을 받아들일지 말지는 본인의 선택이며, 교수님 당신께 찾아온 이 '도전'은 받아들일 것이라 말씀하셨습니다.

교수님의 '도전'이란 단어의 사용법은 강한 사람이 되고 싶었던 나에게 큰 울림을 주었습니다. 나는 익숙하지 않은 것을 자주 회피하는 사람이었습니다. 낯섦이 주는 불확실성을 두려워했고, 그것을 귀찮다거나 잘 안 될 것이란 가짜 생각으로 회피하였습니다. 교수님의 '도전' 사용법은 나에게 용기를 주었습니다. 이제는 낯선 일이 내 앞에 왔을 때 잠시 멈출 수 있습니다. 그리고 나에게 묻습니다.

'나에게 도전이 찾아왔어. 도전을 받겠어?'

간단해 보이지만 내가 나에게 말을 거는 방식은 나를 이야기의 주인공으로 만들어 주었습니다. 나는 이야기의 주인공으로서 기꺼이 도전을 받을 수도 있고 안 받을 수도 있습니다. 도전을 받는다면 그 뒷이야기가 펼쳐질 것입니다. 도전을 안 받는다면 잠시 쉬어갈 수 있습니다. 시중에 나온 이야기의 주인공들은 종종 실패해도 괜찮은 이야기가 될 거라고 내 등을 토닥여주었습니다. 무조건 회피하던 예전의 나보다 용감해졌고, 내가 되고 싶은 사람에 보다 가까워졌습니다. 우리는 이제 이를 가리켜 의식의 성장이라 정의합니다.

의식의 성장은 도미노처럼 다른 것에도 변화를 가져왔습니다. 적극적인 태도가 삶의 형태에 영향을 주었고, 그것은 또 다른 지역과 사람들과의 만남으로 연결되어 경험의 확장을 가져왔습니다. 타인을 대하는 나의 태도도 많이 변했습니다. 예전에는 내가 뱉은 말 한마디가 상대방의 결정에 영향을 미치는 것을 꺼려했습니다. 그래서 상대방의 말은 들어주되 그에 대한 나의 어떤 의견도 표현하지 않았습니다. 내가 다른 이에게 영향을 끼친다는 것이 두려웠던 것 같습니다. 용기가 없어 책임지지 않으려 했던 것입니다. 이제는 나로 인해 그 사람에게 변화가 찾아와도 괜찮습니다. 내가 교수님의 말에 흔들리고 울림을 받은 것처럼, 나도 이제 다른 이의 내면을 흔들고 울림을 줄 수 있음을 인정하고 피하지 않습니다.

교수님은 돌을 던져 주셨습니다. 기존의 학업 생활에 충격을 주셨고, 기존의 내적 세계에 파장을 만드셨습니다. 나를 위한 언어를 어떻게 사용할 수 있는지 본보기가 되어 주셨고, 나를 먼저 돌보는 언어를 사용하는 것이 나아가서는 타인에게 영향을 주는 언어로 발전할 수 있음을 깨닫게 해 주셨습니다.

오늘도 되뇌어 봅니다. 나무를 심은 사람처럼 오늘의 도전은 내일의 현실이 될 수 있습니다.

이명미

유혹, 확신, 기대

1. 만남 : 유혹

배움의 결핍이 콤플렉스였던 여자는 뒤늦게 학업에 뛰어들었다. 석사를 마친 여자는 가정과 일, 학업을 병행하는 상황에서 그 중 무엇 하나도 제대로 완성하지 못했다는 자괴감으로 번 아웃 증후군(소진증후군)에 빠지고 말았다.

여자가 추구하고자 한 것이 학벌인지, 학문인지 헷갈릴 즈음 그녀를 만났다. 그녀의 작은 체구에서 뿜어져 나오는 카리스마와 아우라는 배움에 목말라 주변인들에게 곁을 내주지 않던 콤플렉스 덩어리인 여자를 자극하기에 충분했다.

다소 생소한 분야였으나 한 번쯤 도전해보고 싶었던 심리학 공부는 들으면 들을수록 경이로움 자체였다. 기존의 수업방식과는 다른 접근법과 그녀가 보여주는 열정은 수업시간을 꽉 채우고도 남았고, 여자의 가슴 밑바닥에 내재되어 있던 불씨를 다시 살아나게 했다.

그렇게 불혹의 나이에 여자는 박사과정을 시작했다. 그 어떤 것에도 미혹되지 않는다는 그 나이에 여자는 그녀에게 유혹당하고 말았다. 그녀가 가지고 있는 지식과 혜안에 감탄하면서……. 특히 상담과 수업이 접목된 시간을 마치고 나면 여자의 머릿속이 지식으로 가득 채워지는 만족감을 경험할 수 있었고, 변화되고 있는 자신을 발견하는 경이로움을 느꼈다. 어려운 박사과정과 더 어려운 심리학 영역을 공부하면서도 그 시간이 여자에게 가장 행복한 기억으로 남은 이유였다.

상담심리학이라는 분야를 문학과 글쓰기에 접목하려는 시도는 이렇게 그녀와의 만남을 통해 시작되었다.

2. 성장 : 확신

핵가족 더 나아가 일인 가족 시대에 3대가 함께 사는 가족 형태 안에서 며느리, 아내, 엄마로 다양한 페르소나를 유지해야 하는 삶은 결코 녹록치 않았다. 세대가 달라 기본적 가치가 상충하는 구성원들의 관계는 많은 이야깃거리를 만들어 내기도 했지만 부지불식간에 서로에게 상처를 주기도 하고 오해가 쌓이기도 했다.

그렇게 일주일을 정신없이 지내다가 수업 시작 전, 한 주간에 있었던 일을 소소하게 털어놓고 시작하는 수업방식은 여자에게 더없이 소중한 시간이었다. 그 시간은 여자가 내담자가 되고 그녀가 상담자가 되어 여자의 상처를 위로받는 순간이었고 잘못된 인식을 고칠 수 있었던 상담 시간이었다.

이해할 수 없는 시부모의 행동을, 남편의 마음을, 아이들이 보여주는 이기적인 행동들을 그들의 입장에서 생각하고 객관적인 시각으로 보려고 노력하는 변화는 여자의 삶을 바꾸어 놓았다. 무엇보다 중요한 것은 자신이 모든 것을 책임져야 한다는 부담에서 벗어나 온전한 여자 자신으로 사는 삶이 중요하다는 것을 깨닫게 된 것이다. 그리고 그것이 생각에서만 그친 것이 아니라 행동으로 옮겨지는 삶을 통해 여자는 에너지가 넘치는 삶을 살게 되었다.

모든 사람을 '훌륭한 사람'으로 만들어주는 그녀의 화법은 타인을 긍정적으로 바라볼 수 있게 하고 그들의 장점을 부각시켜 볼 수 있도록 만드는 마력이 있다. 여자는 자신의 삶에 그녀의 화법을 적용해보려 노력한다. 이론과 실천의 거리감으로 막막했던 경험도 있었지만 감정을 적절하게 표현하면서 이성적이고 합리적인 판단을 위해 노력하는 사고의 전환은 현재 여자를 지속적으로 성장시키고 있다.

그녀를 통한 심리학 공부는 여자가 삶을 바라보는 태도와 인식에 변화를 주었다. '인생은 멀리서 보면 희극, 가까이서 보면 비극이다'라는 말처럼 힘든 일은 나에게만 벌어지는 것이 아니라는 깨달음은 여자의 삶을 성장시키는 중요한 동인이 되었다. 3년여의 시간, 일주일에 한 번 그녀를 만나는 시간은 자신의 삶과 주변인을 돌아보고 더 나아가 삶의 태도를 변화시키는 여자의 역사가 되었다.

또한 그 시간은 학문을 대하는 자세 역시 바꾸어 놓았다. '공부를 하고 싶다'라는 막연함에서 시작했지만 어떻게 공부해야 하는지에 대한 방법도, 사유 방식도 갖추지 못한 상태에서 출발했다. 박사과정은 학문의 깊이가 달라야 한다고 생각했고, 그 깊이에 영원히 도달할 수 없을 것 같은 미증유의 두려움은 여자를 자괴감에 빠지게 만들었다. 결국 여자는 자신이 가고 있는 이 길이 스스로에게 맞는 길인지에 대한 깊은 숙고에 빠졌다.

그러다 문득 자신이 쌓은 지식을 조금씩 풀어내고 있는 스스로를 보았다. 그리고 영원히 쓸 수 없을 것만 같았던 학위논문을 쓰고 있었다. 그동안 켜켜이 쌓인 시간의 무게가 헛되지 않았다는 것을 증명하듯 자신이 알게 된 것을 활용하여 실제에 적용하고 그것을 결과물로 만들어 내고 있는 자신을 보게 된 것이다.

알프레드 아들러는 열등감을 극복하기 위한 '우월성 추구'가 인간을 성장시킨다고 말했다. 여자는 확신한다. 그녀의 영향력이 여자의 삶과 학문에 대한 열정을 오늘도 그리고 내일도 한 단계 성장하도록 할 것이라고…….

3. 확장 : 기대

이제 여자는 자신이 그동안 배운 것을 나누어주어야 하는 위치에 있다.

여자는 '문학속 심리학'이라는 새로 개설된 전공과목을 접하고 고민에 빠졌다. '심리주의 비평으로 접근해야 하는가? 그러면 그동안 배워 온 것과 조금 거리가 있는데…….' 여자는 자신이 배운 것을 활용해 보고 싶었다. 그래서 성격심리학 이론을 토대로 문학작품 속에서 인물의 성격을 분석하는 작업을 4학년 학생들과 진행했다.

다소 생소한 접근법에 초반에는 시행착오를 겪었다. 그러나 어느덧 체계적인 수업방식을 도입하여 작품을 분석하고 있는 자신을 발견했다. 또 연구논문을 완성하고 다양한 교수법을 개발하기 위해 노력하고 있는 모습을 보았다. 이제는 그렇게 모인 자료와 경험들이 여자에게 큰 자산이 되고 있다. 여자는 이러한 결과물을 모아 작은 결실을 맺기 위한 노력을 지속하고 있다. 이제 성장을 넘어 조금씩 확장되고 있는 것이다.

이러한 방법은 그녀에게서 배운 것들을 응용하는 과정이었고 더불어 배움의 중요성을 깨닫는 순간이었다. 이제 여자는 그녀에게서 배운 것들을 학생들에게 나누어주기 위해 노력하고 있다. 학문에 대한 열정, 그리고 진정으로 학생들의 시간과 노력을 소중히 생각하는 마음을 담아서 말이다.

  한때 스스로 무능하다고 여겨 어려운 공부를 할 수 없을 것이라고 생각했던 여자는 이제 비합리적 신념을 바꾸어 자신에 대한 긍정적 마음을 갖고 자존감을 회복하고 있다.

  미래에 닥쳐올 여자의 삶은 불확실하다. 그 불확실함으로 인해 여자는 또 많이 불안해 할 것이다. 그러나 이제는 스스로를 지킬 수 있는 승화된 방어기제가 여자를 든든하게 지켜줄 것이다. 앞으로 여자의 삶이 기대되는 이유이다.

  우월성 추구가 여자로 하여금 삶의 추동이 될 수 있도록 해 준 그녀에게 사랑한다는 말을 꼭 전하고 싶다.

정민희

나를 탐구하던 시간

그럴 때가 있었다. 밤에 잠이 안와 생각에 생각이 꼬리를 물고 이어지는 날들 말이다. 떠오르는 기억이라곤 과거에 저질렀던 온갖 창피한 일들과 실수했던 일들이다. 결국 이 생각의 끝은 내 인생은 처음부터 잘못되었으며, 인생을 다시 시작하지 않는 이상 현재도 행복하지 않고 미래 역시 마찬가지일거란 것이다. 언제나 부정적인 생각이 들었고 그때의 나는 이러한 것들이 문제라는 생각조차 못했다. 내가 느끼는 감정이 무엇인지 관심도 없었다.

누군가 "너 자신을 사랑하니?"라고 묻는다면 대답조차 못했을 것이다. 나는 나를 가장 잘 알고 있다고 생각했지만 어쩌면 나를 가장 모르고 있었다. 당연히 필연적으로 타인에게도 관심이 없었다. 타인이 필요하지도 않았다. 나는 땅위에 홀로 서서 주변 1m 안에 아무도 가까이 들이지 않는 인간관계를 지속시키고 있었다.

이러던 와중에 한남대학교 대학원, 석사과정에 입학하게 되었다. 글쓰기를 더 배워보고 싶었기 때문이다. 그리고 대학원 글쓰기교육 전공 수업에서 황임란 교수님과 만나게 되었다.

새로운 시작은 들뜨게 만든다. 모든 것이 다 잘 풀릴 것만 같다. 대학원에 입학한 것만으로 나는 이미 다 이룬 기분이었다. 그러나 이런 생각은 첫 학기에 산산 조각이 났다. 심리상담 수업은 괴로움의 연속이었다. 학부를 다닐 때 배웠던 문예창작학과 수업과 너무나 달랐다. 수업내용은 어려웠으며 석사, 박사 등이 모두 함께하는 수업은 적응하기 어려웠다. 하지만 더욱 나를 힘들게 했던 것은 수업내용을 나 자신에게 적용시켜야 한다는 것이었다. '나는 누구인가, 내가 태어나서 처음 기억하는 것은 무엇인가, 나의 장점과 단점, 내가 싫어하는 성격은 왜 생겨난 것인가' 등 수많은 물음이 내 불면의 밤 동안 나에게 던져졌다.

기억하고 싶지 않는 과거의 사건들이 계속 떠오르며 스트레스가 날이 갈수록 심해졌다. 석사과정 내내 이런 것의 반복이었다. 지금 생각해보면 이때 나는 그 어느 때보다 '나'에게 관심을 두었던 것 같다. 특히 기억나지 않는 것이라고 생각했던 과거들이 사실은 '기억 안 나'라는 생각으로 나를 속이고 있었던 것이다. 이 시간은 내 성격 중 나도 이해하지 못하는 부분이 과거 어느 사건에서 왔는지에 대해 오랫동안 탐험하고 이해하는 순간들이었다.

석사를 마치고 박사과정에 들어온 후 다시 시작된 심리상담 수업을 들을 때는 한결 마음이 편해졌다. 박사과정 몇 학기였는지 기억나지 않지만 나를 포함하여 학생이 세 명이었던 적이 있었다. 그때 정말 한 학기동안 어떻게 수업을 들어야 하나 하는 걱정과 두려움이 있었다. 교수님은 한 학기 동안 수업을 주제발표, 논문요약발표, 과제 등으로 진행하신다. 수업을 듣는 학생이 많으면 내가 발표해야 할 횟수는 많아야 3회 정도였다. 그런데 세 명이 수업을 듣는다면 3주에 한 번은 꼭 주제발표가 돌아오는 것이다. 한 학기동안 엄청 힘들겠다는 각오로 수업에 임했던 기억한다. 하지만 그때 들었던 수업은 내가 석사, 박사 때 들었던 모든 수업 중 가장 기억에 남는 수업이 되었다.

일단 사람이 적으니 수업 집중도가 쑥 올라갔다. 다른 사람이 발표할 때도 한마디라도 질문이나 코멘트를 하려고 주의 깊게 들었다. 수업 중 실습을 해도 돌아가며 실습한 내용을 발표하고 그에 대해 토론하고 하는 것들이 많은 도움이 되었다.

황당하지만 재미있는 일도 있었다. 수업 듣는 학생이 세 명이다보니 수업 한 날에 주제발표 한 명, 논문요약발표 한 명 이렇게 될 수밖에 없었는데 나 외에 다른 두 명이 각각 발표하기로 한 날이었다. 나는 목요일 오전 9시 10분 전, 강의실에 도착했다. 수업 시간이 다 되었고 교수님도 오셨는데 발표자 두 명이 아직 나타나지 않았다. 전화를 해봤더니 두 발표자 모두 늦는다는 것이다. 발표자들이 없으니 수업을 진행할 수도 없고 교수님과 나는 그 당시 황당해하며 내가 먼저 해온 과제부터 점검하는 것으로 수업을 시작했다. 당시 지각사건을 겪을 때에는 당황스러웠지만 이제는 그 사건을 황당하지만 재미있는 일화로 손꼽을 수 있다. 그 일로 습관도 생겼다. 바로 수업시간 5분 전 도착하지 않은 동료가 있으면 곧장 전화해 동료의 위치를 확인해보는 것이다.

또 하나 기억이 나는 것은 '어린왕자' 속 장미를 보고 내 안의 장미는 무엇인가에 대해 생각하는 과제였다. 처음 발표에서 장미에 대한 내용이 대부분 부정적인 것에 초점이 맞춰졌다는 지적을 받았다. 다시 글을 재저작해 보라는 피드백을 받고 수정 후 수업시간에 발표를 했다. 이 과정에서 나의 장점을 포착해준 사람들을 통해 나 자신을 괜찮은 존재로 생각하게 되었다. 나에게 좋은 점이 있었음에도 불구하고 그것을 발견하지 못하고 안 좋은 점에만 집중했다는 사실을 확인할 수 있었다. 이 과제를 계기로 나는 자신감을 얻었다.
 "정민희 선생이 존재함으로써 이 세계가 완성된 거예요."
 교수님이 해 주신 이 말은 나의 존재 가치에 대해 의구심을 품었던 나 스스로의 평가를 정면으로 반박해주는 말이었다. 그 말을 들었을 때 정말 기분 좋았던 것으로 기억한다. 그리고 이제는 잠 못 드는 밤에 과거를 회상하며 나의 잘잘못을 따져지면서 비판하는 시간이 줄었다. 대신에 무엇이 문제였는지, 어떻게 행동하고 말을 했어야 하는지, 앞으로 비슷한 상황이 생기면 어떻게 해야 하는지에 대해 생각해본다. 그래서 더 이상 나의 인생이 현재도 미래도 망한 것이 아니고 그때의 나도 지금의 나도 모두 '나'이며 현재를 즐겁게 살면 그것이 행복이라 생각하게 되었다.

이미정

아픈 만큼 성장한다

그동안 나는 과연 얼마나 성장했을까, 문득 되돌아보게 되었다. 내가 황임란 교수님을 처음 만난 건, 대학교 4학년 때였다. 대학원생들 틈에서 학부생인 내가 수업을 잘 따라갈 수 있을까, 전혀 다른 분야의 학문인데 내가 잘 이해할 수 있을까, 걱정이 많았다. 그런 점에서 교수님과의 만남은 나에게는 하나의 도전이었다. 성장을 위해 자신의 틀을 깨야 할 때 사람들은 '죽을 것 같이 힘들고, 실패할까 두렵다'고 생각한다. 나 역시 그랬다.

교수님의 수업은 그동안 내가 들어왔던 수업과는 많이 달랐다. 대학 입학 후 4년 동안 발표 자료를 준비하거나 보고서를 작성하는 데 필요한 능력은 충분히 키워왔다고 생각했었지만 역부족이었다. 발표 자료를 준비하는 방법, 발표 주제에 접근하는 방법 등 그동안 내가 사용하던 익숙한 방식들을 모두 새롭게 바꾸어야 했다.

익숙한 것을 버리고, 새로운 방법에 적응하는 것은 쉽지 않았다. 발표를 준비할 때는 주교재 외에 여러 권의 책과 논문을 참고하고, 번역된 용어의 경우는 원어의 뜻이 무엇인지 사전을 찾아보는 등 꼼꼼하게 준비를 해야 했다. 그러다보니, 최소한 2주 전부터는 도서관에 가서 책을 찾아보고, 논문을 찾아 발표 자료를 작성해야만 했다. 장학조교로서 처리해야 하는 업무가 많거나 과제 제출일이 겹치기라도 하면 며칠씩 밤을 새 '이러다 죽겠구나' 싶을 때도 있었다.

이렇게 열심히 준비해도 발표는 어렵기만 했다. 발표문을 읽기만 하고 설명을 하지 않거나 교수님의 질문에 대답을 하지 못해 스스로가 부끄럽게 느껴진 적도 있었다. 그럴 때마다 교수님은 부족한 부분에 대해 직접적으로 지적하지 않으셨다. 수업을 듣는 모든 학생들에게 질문을 함으로써 다 같이 생각해보게 하고 난 뒤에 조언을 해주시거나, 실습을 통해 내용을 이해할 수 있도록 하셨다. 또한 수업 시작과 끝에 나누는 이야기들과 교수님과 만났을 때 포옹해주시는 것이 좋았다.

이러한 경험들이 내가 강의를 할 때 많은 영향을 주었다. 교재에 있는 내용만 다루지 않고, 논문이나 다른 책들을 참고해 수업을 준비하고, 학생들이 보기 쉽도록 수업 자료를 PPT로 만들어 공유해 주었다. 학생들이 어려워하는 것 같으면 다양한 예시를 들어 계속 설명해주었고, 어떻게 하면 조금 더 쉽게 가르쳐줄 수 있을지 고민했다. 진도를 나가는 것에만 급급하지 않고, 학생 개개인과 소통하며 어려워하는 내용이 있다면, 조금 더 쉽게 적용해볼 수 있는 활동들을 추가하여 진행하기도 했다. 그러다보니 딱딱하고 지루한 독서·글쓰기 수업이 아닌, 편하게 자신의 생각을 표현하는 분위기가 조성되었다.

내가 학생일 때 어렵다고 느꼈던 수업방식들을 이제는 내가 강의에 적용하고 있다는 걸 문득 깨닫게 되었다. 뿐만 아니라 강의를 시작했던 첫 학기와 지난 학기의 수업을 비교해 봐도, 스스로 많이 여유가 생겼다는 느낌이 든다. 당시에는 힘들다고 느꼈던 경험들이 거름이 되어 성장했고,

내가 만나는 학생들에게도 적용할 수 있게 확장된 것일지도 모르겠다.

'바닷가재는 어떻게 자라는가'에 대한 글을 읽은 적이 있다. 원래 바닷가재는 연하고 흐물흐물한 동물인데, 아주 딱딱한 껍데기 안에서 산다. 그 딱딱한 껍데기는 절대 늘어나지 않는다. 그렇다면 바닷가재는 어떻게 자라는 것일까? 바닷가재가 자랄수록 껍데기는 그를 점점 더 조여와 압박하고, 아주 불편하게 만든다. 그러면 바닷가재는 포식자로부터 안전한 바위 밑으로 들어간다. 그리고는 기존의 껍데기를 버리고, 새로운 껍데기를 만든다. 그런데 바닷가재가 또다시 자라면 새로 만들었던 껍데기도 결국에는 불편해진다. 그러면 바닷가재는 다시 바위 밑으로 들어간다. 바닷가재는 죽을 때까지 이 과정을 셀 수 없이 반복할 것이다. 바닷가재가 성장할 수 있도록 자극을 주는 것은 불편함을 느끼는 것이다. 만약 바닷가재가 불편함을 느끼지 않았다면 절대로 자신의 껍데기를 버리지 않았을 것이고 성장하지도 못했을 것이다.

물론 불편함을 개선하기 위해서는 그 만큼의 고통도 따를 것이다. 그렇기에 고통 대신 불편함을 안고 살아갈 것인지, 조금은 고통스럽지만 새로운 껍데기를 만들 것인지 선택해야 하는 순간이 온다면, 그것은 내가 성장할 때가 되었음을 의미하는 것일지도 모른다. 이 순간을 피하지 않고 받아들인다면, 우리는 성장할 수 있을 것이다. 만약에 내가 기존에 경험했던 것, 배운 것의 틀에서 벗어나려고 노력하지 않았다면 아마 조금도 성장하지 못했을 것이다.

매주 목요일 9시, 교수님의 수업을 들으며 헌 껍데기를 버리고, 새로운 껍데기를 만듦으로써 조금씩 성장해왔듯이 앞으로도 내가 더 성장하고, 확장할 수 있도록 노력을 멈추지 않아야겠다. 아프고 힘들게 노력한 만큼 성장한다는 말을 믿는다.

| 박지혜

훌륭합니다

"손님을 초대해서 요리를 했는데, 요리를 하다가 음식이 다 타서 내놓을 수 없게 돼버렸다해도 그 다 타버린 음식을 보여주세요. 그리고 이렇게 말하세요. '내가 당신을 위해 맛있는 음식을 열심히 준비했는데 이렇게 다 타버렸어요.' 그럼 손님이 알게 될 거예요. 당신이 그 사람을 위해, 그리고 이 시간을 위해 얼마나 노력했는지. 그런데 타버려서 창피하다고 깨끗이 다 치워버리면 어떻게 될까요? 당신의 노력은 아무도 알지 못할 거예요."

어느 날 과제를 미처 다 해가지 못한 내게 교수님께서 해주신 말씀이다. 아직도 그날의 기억이 생생하다. 어쩌면 그날은 견고했던 내 안의 성벽이 무너지기 시작한 날인 것 같다. 완성되지 못해서 엉망인 과제, 그리고 과제보다 더 엉망이 되어버린 나의 표정을 보며 교수님은 이렇게 열심히 한 흔적을 가져와줘서 고맙다고 오히려 칭찬을 해 주셨다.

나는 나에 대해 실망하는 타인의 반응을 보는 것을 가장 두려워하는 사람이었다. 좋은 모습만 보여야 하고 칭찬 받아야만 하고 잘 해내야만 하는. 그렇게 굳이 힘겹게, 완벽하고 싶은 나만의 견고한 성벽을 쌓아갔다. 그것이 나를 보호해주고 나의 능력을 보여준다고 생각했는지도 모르겠다. 하지만 자의 반, 타의 반으로 이런 가치관들이 과제의 주제가 되면서 교수님의 날카로운 질문을 통해 그리고 글을 쓰며 치료하는 과정을 통해 치료와 회복을 통한 성장을 하게 되었다. '나는 어떤 사람인가, 나는 왜 화가 나는가, 나는 왜 그렇게 반응했을까, 나는 왜 그렇게 생각하는가?' 끝없이 질문하고 분석을 하며 치유가 일어났고 나는 자유로운 사람이 되어가고 있었다.

특히 계속해서 '박 선생은 학문에 소질이 있고 열정이 있다. 공부를 계속해도 좋을 것 같다'고 인정해주신 교수님의 말씀이 참 많은 힘이 되었다. 내 기준에서는 잘하는 모습을 하나도 보여드린 적이 없는 것 같은데 나를 세워주시는 교수님의 그 진정성 담긴 사랑의 권면이 지금도 가끔 나를 일으켜주곤 한다.

'나는 참 괜찮은 사람이구나. 굳이 내 능력 이상의 엄청난 결과를 내거나 화려하게 나를 치장하여 알리지 않아도 인정받을 수 있구나.' 교수님을 통한 이 깨달음은 교만이나 자랑이 되지 않고 내가 세운 성벽 너머에 있는 푸른 초장에서 마음껏 뛰어놀 수 있는 자유로움을 선물해 주었다.

또한 심리학 수업이 특별했던 것은 이론과 실제를 병행한다는 점이었다. 과제를 통한 실제도 있겠지만 교수님께서 학생들을 대하는 태도, 언행 그리고 수업에 대한 교수님의 책임감과 열정이 실습이 되었다. 내 안에 있는 것을 삶으로 증명하는 것, 그것은 신앙인으로서도 학문을 하는 사람으로서도 쉽지 않은 일이다.

당신의 머릿속에 있는 학문적 지식을 가슴으로 정리하여 삶으로 풀어내는 교수님의 수업 방식은 삶의 전반에 큰 울림이 되었다. 열심히 필기하던 손을 멈추게 하고, 제대로 듣고 깨닫는다면 그것은 굳이 적지 않아도 기억될 것이라던 교수님의 확신이 바로 이것이었나보다.

대학원 과정을 마치고 시간이 꽤 흐른 지금, 이전에는 몰랐던 평안과 감사로 살아가고 있다. 완벽해 보이고 싶고 빈틈없어 보이고 싶어했던 적이 언제인가 싶게 때로는 너무 덜렁대고 허술한 모습도 자주 보이지만 이 또한 걱정하지 않는다.
'가장 윗부분도 경험해보고 가장 밑바닥도 경험해봐야 적절한 중간점도 찾을 수 있는 거'라고 하셨던 교수님의 말씀처럼 이런 수많은 과정을 통해 진짜 '나'를 점점 더 찾아가고 있는 거라고 생각하기 때문이다.

그리고 소망한다.
나도 타버린 음식을 내 온 누군가에게 '그렇게 제대로 잘 했어야지 이게 뭐야!'가 아니라 '이렇게 고생을 했구나.'라고 인정해주고 '음식이 타버려서 속상하겠구나.'라고 품어줄 수 있는 따뜻한 사람으로 살아가길 원한다.

확장의 소망을 주신 황임란 교수님! 아이들 수업을 할 때 저도 모르게 그 안에서 각자의 특성과 장점을 찾아 훌륭하다고 피드백을 하고 있더라고요. 교수님께서 늘 저희에게 해주시던 말씀이었지요. 한 사람을 새롭게 발견할 수 있는 '눈'과 '마음' 그리고 '표현하는 방법'을 알게 해주셔서 감사드립니다. 교수님으로 인해 저는 훌륭한 사람이 되었고, 이제 저도 많은 이들을 훌륭하게 세워주며 살고 싶습니다.

정지은

가지 않은 길

> 노랗게 물든 숲속의 두 갈래 길,
> 몸 하나로 두 길 갈 수 없어
> 아쉬운 마음으로 그곳에 서서
> 덤불 속으로 굽어든 한쪽 길을
> 끝까지 한참을 바라보았다.
>
> — 로버트 프로스트 「가지 않은 길」 中

세상을 살아가면서 우리는 항상 선택한다. 여러 가지 길 중 하나를 선택하고 선택하지 않은 길에 대해 생기는 아쉬움을 마음 한구석에 가지고 있다. 이 시는 예전 나의 혼란스러웠던 마음을 읽어주던 시이다.

처음 대학원에 들어갔을 당시, 마치 처음 초등학교에 입학하는 어린아이의 심정이었다. 새로운 환경에 들어와서 아는 사람도, 그리고 수업 방식에 대해 아는 것도 없이 가장 순수한 처음을 겪게 된다는 부담감 때문이었다. 첫 수업이 있던 날, 나 이외에는 모두 박사과정의 선배들이라 부담이 더 컸다. 그리고 학부 때 듣던 방식의 일방적인 강의와 달리,

서로 공부를 해온 후 그것을 나누고, 부족한 부분을 채우는 방식의 수업은 나를 더 낯설고 어렵게 만들었다.

그런 낯선 환경에서 나는 처음 황임란 교수님을 뵙게 되었다. 수업은 내가 생각했던 것보다 훨씬 어렵고 힘들었다. 그래서인지 첫 학기 내내 교수님은 한없이 어려운, 그리고 무서운 존재로만 느껴졌다. 그렇게 한 학기가 지나면서 나도 조금씩 적응해 가고 있었고, 교수님도 그런 나를 천천히 지켜봐 주셨다.

그때 당시 나에겐 한 가지 고민이 있었다. 사실 대학원에 들어오기 전 교육대학원과 일반대학원 중 어느 길을 가야 할지 많이 고민했었다. 그때 내 꿈은 막연히 그저 아이들을 가르치는 것이었다. 그리고 그 꿈의 목표는 일방적인 지식 전달보다는 아이들의 정서와 심리에 도움을 주고, 더 좋은 방향으로 이끌어 주는 것이었다. 그래서 고민 끝에 선택한 전공이 '글쓰기교육'이었다. 하지만 한편으로는 교육대학원에 가서 교사가 되어야 했던 것이 아닐까 하는 생각이 머릿속에 자리 잡고 있었다. 가지 않은 길에 대한 미련이었다.

어느 날, 수업 전 서로의 이야기를 털어놓는 시간에 그러한 내 이야기를 교수님께 털어놓은 적이 있었다. 교수님은 나를 지긋이 쳐다보시고는 말씀하셨다.

"정지은 선생님은 선생님이 되고 싶은 게 아니에요. 아이들을 치료하는 치료자가 되고 싶은 거지. 그렇다면 아이들을 만나는 공간이 학교든 학원이든 상관없지 않을까요? 정지은 선생님이 어느 자리에 있든 자신이 목표하는 것을 이루면 되는 거예요."

이 이야기를 듣는 순간 머리에서 번쩍 불이 났다. 나도 잊고 있던 나의 목표를 교수님은 기억해 주시고 계셨고, 그것을 한순간에 일깨워 주셨다. 그리고 한편으로는 내 마음에 커다란 힘이 되었다. 그때 나는 생각했다. '한 사람을 지도하고 변화할 수 있게 도와주는 게 이런 것이구나.' 이 기억은 나에게 큰 가르침으로 남았다.

지금도 생각한다. 사람은 가지 않은 길에 대한 후회를 반복한다고 한다. 그때 교수님이 그 이야기를 해주시지 않았다면, 나는 아직도 목표를 잊은 채 가지 않은 길을 후회하고 있을지도 모른다. 하지만 그때 그 말씀이 나에게 하나의 깨달음이 되었고 안식처가 되었다. 지금도 아이들을 가르치며 그 말씀을 떠올린다. 그리고 나도 아이들에게, 또는 그 누군가에게 그러한 변화와 성장을 줄 수 있는 만남이 되길 소망한다.

문윤정

덕분에 사람답게 살고 있습니다

대학생활 내내 공부를 즐겨본 기억이 없는 나는, 그 때문인지 출석률도 성적도 썩 좋지 않은 불량학생에 가까웠다. 그래서일까 내가 대학원생이 될 거라고는 상상도 해본 적이 없었고, 대학원 진학을 이야기하는 딸의 전화에 아빠 역시 박장대소를 선물하셨다.

대체 무슨 배짱이었는지 모르겠으나, 문학과 심리를 다루고 있는 대학원의 시간표를 보면서 큰 고민 없이 덥석 대학원 진학에 대한 마음을 굳혔다. 그것이 미래에 대한 처절한 고민에서 나온 것이 아님을 짐작했을 가족들이었지만 흔쾌히 허락해준 가족 덕분에 나의 대학원 입학은 꽤나 순조로웠다.

하지만 막상 대학원에 진학하고 보니 학부와는 다른 수업방식에 적잖이 당황하였다. 발표자가 그 날의 수업 분량을 책임지고 끌어가야 하는 대학원 수업은 결코 만만치 않았다. 종종 그때를 회상하는 대학친구들은 나의 대학원 생활을 수업준비와 과제로 버거워하고 힘들어했던 모습으로 기억하고 있다. 하지만 정작 내가 회상하는 대학원 2년은, 학업에 대한 버거움보다는 다른 버거움에 대한 기억으로 가득하다.

당시 나는 무엇보다 사람, 그리고 관계에 있어 가장 많은 스트레스를 받고 있었다. 그 중 나에게 가장 지배적인 스트레스의 대상이었던 한 사람이 있었다. 그 사람에게서 전화가 걸려오는 날이면 손을 덜덜 떨며 겁에 질렸고, 그와 마주쳐야 하는 다음날이 무서워서 불면에 시달리기도 했다. 길거리에서 마주칠 때면 피해 다니기 바빴고, 그를 피할 방법을 생각하느라 시간을 보내야만 했다. 그 사람의 말은 항상 나를 따라다니며 괴롭혔고 그 생각들을 멈출 수 없어 스스로 더 고통스러운 시간을 보내기도 했다. 결국 1년 만에 '도망'이라는 미완성의 형태로 그에게서 멀어졌다.

'도망'이란 단어를 사용하긴 했지만, 더 일찍 그 곳을 떠나지 않은 것이 당시 나에게 있어서는 기적이었다. 그리고 그 기적을 실현하는 데 버팀목이 되어준 것은 교수님들이었다. '당장 그만 둬'라고 말하는 친구들이나 '조금만 더 버텨봐'라고 하는 가족들에게서 위로를 받기는 어려웠다. 멀리 있는 아빠보다 더 아빠처럼 무심한 듯 다정하게 한 마디씩 던져주시던 지도교수님과, 그저 조용히 나의 긴 이야기를 들어주고 따뜻한 말을 건네주시던 황임란 교수님이 나의 가족이며 친구였고, 유일한 마음의 위안이었다.

관계에 스트레스를 받던 당시의 나를 돌아보면, 나는 무너져있는 상태였다. 관계가 무너지면서, 많은 것들이 함께 무너졌다. 사람들과의 만남을 꺼리게 되면서 만남의 기회가 되는 공간과 사건들에 모두 거리를 두게 되었고, 그 어떤 것에도 도전할 마음이 들지 않았다. 그래서 누구의 마음이든 행동이든 그 이유를 먼저 생각해본다는 것은 있을 수 없는 일에 가까웠다. 이전의 삶의 틀을 벗어나지 않으려 했고, 이전과 별반 다르지 않은 매일의 풍경과 일상에 마음이 치솟았다가 곤두박질치기가 일쑤였으며 그 이유를 찾지 못해 더 혼란스러운 시기였다. 이러한 마음을 바꿔준 분이 나에겐 평생의 '선생님'이실 교수님이셨다.

'흔들리지 않는 눈동자에 믿음이 갔다'는 표현을 본 적이 있다. 나에게는 모든 사소한 움직임이 슬로모션으로 보이는 굉장한 능력은 없지만, 나에게 교수님은 늘 흔들리지 않는 눈과 마음으로 모두를 대하는 분이셨다. 교수님이 흔들렸던 순간이라고 한다면, 눈길에 차가 막혀 수업에 늦는다며 다급하게 전화를 하셨던 그 날뿐이 아닐까, 하는 생각이 들 정도로. 한 주의 이야기들 속에 내가 아무리 수많은 동요와 번민을 담아 와도 조용하게 품어주시던, 그 안에서 발견하지 못한 행복을 찾아주시던 다정하고 또 올곧은 사람. 이제와 드는 생각이지만 그저 수업을 가르치는 학생 한 명이 아닌 온전한 하나의 사람으로 봐주시던 교수님으로부터 그 누가 위안을 받지 않을 수 있었을까 생각한다.

얼마 전, 엄마와 단 둘이 술자리를 가졌던 적이 있었다. 6년간의 타지 생활을 끝내고 돌아온 딸에게, 엄마는 술기운을 빌려 그동안의 쌓였던 이야기들을 털어놓으셨다. 보수적인 아빠에게 내가 몰랐던 많은 불만을 품고 살아왔던 엄마는, 나에게 많은 이야기를 하면서 자신을 향한 '동의'와 아빠를 향한 적당한 '분노'로 대응해주기를 기다렸다.

그러나 무뚝뚝하다 못해 싸가지가 없는 딸은 동의도 분노도 돌려주지 않았고, 그래서 엄마는 참으로 서운했다고 하셨다. 딸이 크면 엄마의 편이 된다고 했던가? 그러나 딸도 딸 나름이라고, 엄마의 편만 들어도 마음이 풀릴까 말까 한 상황에서 아빠를 변호하기까지 하는 내가, 심지어 엄마가 잘못한 점을 콕 집어내기도 하는 내가 서운하다 못해 미웠다고 하셨다.

그런데 가만히 생각해 보면 내가 한 말들에 오히려 마음이 풀리더란다. 쌓였던 불만들에 가려져 자신과 아빠를 제대로 보지 못했다면서 말이다.

"엄마에게도 수많은 이유가 있듯이, 아빠의 행동들도 이유가 있었을 거란 생각을 왜 못했을까. 그리고 그렇게 생각하다보니 너네 아빠도 많이 참고 살았겠구나 싶더라. 무엇보다 내가 아빠의 마음을 생각하고 말하니까, 너네 아빠도 변하더라. 물론 싫은 점이 없지 않겠지만, 변했어 아빠도. 네 덕분이라고 생각해. 공부랑은 담 쌓고 살던 애가 대학원 가더니 공부보다 더한 걸 배워왔네."

나의 화법이 또는 태도가 온전히 정답은 아니었을 것이다. 툭툭 튀어나오는 직구 같은 화법에 상처받은 엄마의 얼굴을 기억하고, 나도 후회한 적이 있다. 다만 엄마도 나와 같은 치유의 경험을 통해 스스로의 답을 찾길 바랐을 뿐이다.

어느덧 28살이 된 지금, 나는 이전에 꿈꿨던 삶과는 전혀 다른 삶을 살고 있다. 미련하게도 지켜왔던 관계들에서는 더 이상 큰 의미를 찾지 않게 되었고, 그것이 설령 어딘가에서 여전히 떠돌고 있을지라도, 그저 나와 내 주변을 지키는 것에 더욱 의미를 두게 되었다. 한때는 새로운 세계라고 믿었던 꿈은 더 이상 돌아보지 않게 되었고, 책이라곤 추리소설만 찾던 내가 자연과학 도서를 만들며, 언젠가는 장애아동을 위한 도서를 만들게 되는 미래를 그리고 있다.

현재 나는 한때 간절히 바랐던 꿈이 나의 길이 아니라는 것을 인정하며 출판사에 입사했고, 이제는 장애아동을 위한 도서를 만들겠다는 꿈을 꾸고 있다. 짧고 길었던 대학원 때의 경험은 여전히 내 삶에 가장 많은 영향을 끼치고 있으며 앞으로도 내 삶의 길잡이가 되어 줄 것이다.

앞으로 더 많은 선택과 때론 그로 인한 좌절도 경험하게 될 것이다. 사람들 사이에서 함께 살아가다 보면, 24살의 내가 겪었던 것처럼 또 누군가와의 관계로 힘들어하는 날들도 있을 것이다. 하지만 그것이 지금 두렵지 않은 이유가 '교수님의 가르침 덕분이었습니다. 덕분에 사람답게 살고 있습니다.'라고 한다면 너무 거창하게 들릴까.

이혜연

나를 이해하는 시간

공부를 처음 시작할 때 저는 누구보다 자신 있었습니다. 뭐든 잘해 내는 똑똑한 어른이 될 수 있다고 믿었습니다. 그러나 그것이 저를 가장 힘들게 했습니다. 제가 가진 역할은 너무 많았습니다. 사회적으로 요구하는 내 모습과 가정에서의 내 모습 그리고 친구와 동료들과 함께할 때 내 모습은 전부 달랐습니다.

저는 제가 가진 전부를 잘 해내고 싶었고 점점 저를 잃어간다는 생각이 들었습니다. 결정적으로 제가 가진 역할들을 통합하지 못한 상태에서 모든 역할을 잘 해내야 한다는 생각에 쫓기듯 살았습니다. 스스로 정한 기준에 만족하기 위해 애썼습니다. 내가 나를 알지도 못하면서 다른 사람을 만족시켜야 한다는 생각만 앞섰습니다. 때문에 실수하는 일이 잦아지고 자주 잊는 일들이 많아졌습니다.

교수님을 만난 후 가장 큰 변화는 저를 이해할 수 있게 된 것이었습니다. 저는 항상 제가 궁금했습니다. 실수하는 나, 불안한 나를 이해하지 못하고 그런 내 모습에 다른 사람이 실망하진 않을까 걱정했습니다. 내가 가진 역할을 해내야 한다는 욕심으로 자신에게는 신경을 쓰지 못했습니다. 나를 보살피지 않아 자주 아프고 물건을 잃어버리는 일이 생기기 시작했습니다. 그럴수록 점점 더 자신을 이해하지 못하게 되었는데 대부분 제 자신에 대한 원망이었습니다.

한 번은 근무 중 식사를 하고 돌아오는 길에 지갑을 잃어버렸습니다. 그리고 저는 곧 절망했습니다. '나는 왜 이렇게 물건을 잘 잃어버릴까?' 지갑을 찾을 생각보다도 스스로에 대한 원망이 앞섰습니다. 저는 이 일화를 수업시간에 교수님께 말씀드렸습니다. "내가 그렇지 뭐."라고 자책했던 속마음을 교수님께 솔직히 말씀드렸습니다.

그 날 수업시간에는 엘리스의 ABCDE 이론을 배우고 있었는데 교수님께서 ABCDE 이론에 저의 사건을 대입해 보라고 권유해주셨습니다. 교수님의 말씀을 따라 세세히 사건과 결과를 기술해보니 사실 그동안 나 자신을 잘 이해하지 못하고 있었음을 알게 되었습니다. 결과에 집착하여 안 좋은 생각에만 사로잡혀 있었기 때문입니다. 지갑을 잃어버린 것은 내가 칠칠치 못해서가 아니라 바쁜 시간에 쫓겨 두고 온 것뿐이었습니다.

과연 지갑을 잃어버린 사람이 내가 절망한 만큼 보잘것없는 사람일까 생각해보니 사실 아니었습니다. 단순한 실수로 인해 자신을 비난하고 질책하고 있다는 것을 깨닫게 되었습니다. 나의 실수에는 모두 이유가 있었고 항상 실수만 하는 것이 아니었습니다. 그럼에도 저는 항상 잘못만 생각하고 스스로를 크게 질책하고 실망하기 일쑤였습니다. 결과에는 항상 그럴 수밖에 없는 이유가 있었음에도 결과에 집착하며 제 모습을 한심해 했던 것입니다. 내가 생각하는 칠칠치 못한 이유에는 다양한 것들이 존재했습니다. 그러나 교수님의 말씀을 통해 좋지 않은 결과 역시 제가 최선을 다한 결과라는 사실을 알게 되었습니다.

저는 늘 실수만 하는 것은 아니었습니다. 모든 것을 잘하지는 않았지만 자랑스러운 내 모습도 있었고 다른 사람에게 인정받는 내 모습도 있었습니다. 그런 것들은 생각하지 않고 자신을 살피지 않았습니다. 이 수업 이후 저는 저를 이해하고 보살피는 법을 배웠습니다. 교수님은 스스로 이해하고 용서하는 법을 알려주셨습니다. 저는 저를 이해하게 되었고 그전보다 저를 사랑하게 되었습니다. 교수님과 함께 공부하며 보내는 시간 속에서 저는 소중한 '나'를 만나게 되었습니다. 진정 저를 사랑하는 법을 알려주신 교수님께 감사합니다.

강소향

태양빛을 가르며 달려가는 말

그림 속에 있는 이 물건을 기억하세요? 2018년 어느 날의 목요일이었어요. 오전 9시가 되자, 여느 때와 같이 수업 전 워밍업으로 지난 한 주간의 생활을 함께 이야기했지요. 교수님은 몽골에 다녀온 이야기를 들려주셨고, 한국으로 돌아오면서 제자들과 나눠가질 고리를 가져오셨어요. 저는 그 중에서 그림 속 고리를 선택한 제자 강소향입니다.

올해 교수님의 환갑을 기념하여 책을 발간한다는 소리에 일말의 망설임도 없이 참여하겠다고 손을 들었어요. 단번에 수락은 하였지만 어떻게 작성해야할지 고민하다가 교수님과의 만남 이후 변화된 저의 모습과 생각을 솔직하게 편지로 써보자고 마음을 먹었습니다.

교수님! 교수님을 뵌 지 이제 1년이지만 교수님과 만난 이후 제 삶에는 변화가 찾아왔어요. 그 중 가장 변화된 점은 제 자신의 변화예요. 교수님께서 항상 말씀하셨죠. 대학원생은 자신의 생각을 타당하게 표현할 수 있어야 한다고. 그 가르침이 참으로 인상적이었고, 그 후 저는 변했답니다. 평소 속으로만 삭이고 있던 부정 정서를 제가 신뢰하는 상대방에게 말할 수 있게 되었거든요.

그동안 저의 가족들 간에는 '우리는 화목한 가정이니까 외로움, 우울 등과 같은 부정적 정서의 존재는 인정하지 않겠다'는 묵언의 약속이 암묵적으로 있었던 것 같아요. 부정적인 정서를 잠깐이라도 드러낼 경우에는 "그럴 리가 없다."는 대답으로 제 안의 정서를 부정당해야 했지요. 그러다보니 부정적인 감정을 속에서 삭여야만 했어요. 사랑하는 가족에게 부정적 정서를 표현했다가 또 부정당하진 않을까, 나아가 스스로 제 자신을 부정하진 않을까 두려웠거든요.

그러던 제가 2018년 1학기에 정서심리학을 배우면서 조금씩 달라졌어요. 빛과 그림자가 공존하듯 제 안의 양가감정을 이해하고 인정하기 시작했어요. 2학기에는 켄 윌버의 통합심리학을 배우면서 제 내면의 그릇이 한 홉 더 커졌어요. 다중적인 인간의 의식 세계를 이해하면서 시시때때로 변하는 저를 이해했고, 통합심리학이 제안하는 삶의 지침을 실천하면서 하루하루를 살다보니, 지금은 어떤 감정이든 인정하고 표현하는 제 모습을 발견해요. 힘든 줄도 모르고, 화난 줄도 모른 채 '괜찮다'고 말하던 제가 '힘들다', '기분이 언짢다'고 표현하는 것을 보면 장족의 발전이죠.

처음에는 제가 제일 신뢰하는 어머니한테 힘들다는 말로 첫걸음을 뗐어요. 어머니는 제 말을 잘 들어주셨고 안아주시더라고요. 많은 생각이 들었어요. '아, 해 보지도 않았으면서 지레짐작으로 결론을 내고 두려워했구나. 역시 실천이 중요하구나.'라고요. 여전히 저는 열심히 실천하며 지내고 있습니다.

이러한 변화 말고도 저에겐 다양한 변화가 일어났어요. 정서와 인간 의식에 대한 이해의 폭이 커지면서 공감의 깊이가 깊어졌고, 덕분에 사람들과의 대화는 풍요로워졌어요. 또한 자기인식을 통해 스스로 정서적인 치유를 해요. 아는 것이 많아지니 자신감이 생기고, 덕분에 자존감도 높아졌어요.

아직 배울 것이 더 많고, 배우고 싶은 것도 많은 햇병아리지만 저는 제가 선택한 '달려가는 말'처럼 목표를 향해 꾸준히 달려갈 거예요. 그 분야의 전문가가 되고자 노력할 겁니다. 지켜봐 주세요.

교수님의 따뜻한 응원과 위로의 말씀, 그리고 학문적 가르침은 황금비율로 저에게 융화되었고, 이는 생활 속에서 그대로 드러나고 있어요. 이 글을 빌려 감사하고 존경한다는 인사를 꼭 드리고 싶습니다.

교수님, 감사하고 존경하고 사랑합니다!

Part III 학술

발견한
확장

문윤정

작아지고 싶은 아이

숨이 찬다. 앞을 똑바로 보는 것이 힘들다. 무슨 방송이 나오고 있었더라. 런닝맨이었나. 무한도전이었던가. 하하가 나왔던 것 같은데. 모르겠다. 머리가 생각해내길 포기했다. 몸을 세우려 애써보지만 쉽지 않았다. 땀은 비 오듯 흐르고, 다리가 움직이는 속도에 맞춰 흔들던 팔은 런닝머신을 붙들고 있는 것만으로도 벅찼다. 발은 무거워지고 몸은 자꾸만 뒤로 향했다. 몇 시지. 이제 그만 내려갈까. 속도를 늦춰보려 팔을 뻗었다. 버튼을 누르려는데, 다른 손이 불쑥 들어왔다. 불쑥 들어온 손에 의해 내 발은 느리게, 그리고 빠르게 멈춰 섰다. 고개를 들어보니 작고 예쁜 여성이 서있었다. 딱 붙는 트레이닝복 너머로 날씬한 그녀의 몸매가 보였다. 순간 미간이 찌푸려졌다. 그렇게 운동하시면 큰일나세요. 지금 몇 시간째… 걱정스러운 눈빛인가. 아니다. 저건 나를 불쌍하게 보는 눈빛이다. 그런 몸매로 살아온 니가 뭘 알겠어. 헐렁하게 내려와 이미 내 손을 가려버린 소매를 더욱 끌어내렸다. 비켜주세요. 버튼 위에 올려진 그녀의 손을 짜증스럽게 치우고, 다시 속도를 높였다. 힘들어도 고개 숙이지 마. 내가 왜 고개를 숙여야 해. 이를 꽉 깨물고 고개를 들었다. 눈

앞의 티비에서는 강호동이 나오고 있었다. 문득 런닝맨도, 무한도전도 내 앞에 있는 티비를 통해 봤다는 것이 생각이 났다. 시계는 11시를 향해 가고 있었다.

12시가 다 되어서야 집으로 들어서는 나를 엄마가 반겼다. 학원은 잘 다녀왔어? 오늘은 좀 늦었네. 배는 안고파? 응. 괜찮아요. 공부 좀 더 하다 왔어요. 피곤해. 바로 잘게요. 짧은 대답만 던지고 도망치듯 방으로 들어왔다. 다행히 학원에서 집으로 전화를 하지는 않은 것 같았다. 문을 향해 잔뜩 신경을 곤두세운 채, 가방에서 티셔츠와 바지를 꺼냈다. 빨아서 가져왔어야 했는데. 땀 냄새가 코를 찔렀다. 방문을 살짝 열어 거실을 내다보았다. 엄마는 이미 안방으로 들어간 것 같았다. 나는 재빨리 옷을 움켜쥐고 화장실로 내달렸다. 화장실문을 닫고 나서야 안도의 한숨을 내쉬었다. 땀냄새가 잔뜩 배인 옷은 세면대로 던져버리고, 씻기 위해 옷을 벗었다. 거울 속으로 내 몸뚱아리가 보였다. 헬스장에서 만난 그녀가 떠올랐다. 운동은 내가 훨씬 많이 했는데. 왜 나는 이런 몸뚱이로 살아야 하는 걸까. 화가 치밀었다. 왜 살이 더 빠지지 않지? 왜 작아지지 않는 걸까. 나는 오늘 먹은 것도 없는데. 빈 속이 쓰렸다. 이럴거면 뭐하러 굶고, 뭐하러 운동을 그렇게 열심히 한 건데. 나는 왜 이래? 옷을 입지 않은 것은 생각할 겨를이 없었다. 나는 방으로 향했다.

자물쇠로 잠가두었던 맨 마지막 서랍을 열었다. 초코파이를 꺼내먹었다. 포카칩을 뜯고, 젤리를 꺼냈다. 카스타드를 먹었고, 초코칩쿠키도 먹었다. 목이 막혔다. 부엌으로 가서 냉장고를 열었다. 1,5리터 포카리 스웨트를 벌컥벌컥 들이켰다. 다른 음식들이 눈에 들어왔다. 잡채를 꺼내고, 삶은 계란을 꺼냈다. 방으로 돌아와 계란을 우겨넣었다. 계란을 씹으며 젓가락을 가지고 오지 않았다는 생각을 했다. 잡채를 손으로 집어, 채 계란을 삼키지 못한 입 속으로 다시 쑤셔넣었다. 목이 막혔다. 포카리스웨트를 마시고, 포카칩을 한 움큼 또 입 속으로 밀어 넣었다. 또 한 움큼, 그리고 또 한 움큼. 입 안에서 포카칩이 부서지는 소리가 들렸다. 눈물이 났다. 고개를 떨궜다. 벌거벗은 내 몸뚱이가 보였다. 배가 나온 것 같았다. 구역질이 났다. 나는 들고 있던 포카칩을 내던지고 화장실로 달렸다. 변기를 붙들고 먹은 것들을 다 게워냈다. 토하는 내 등 뒤로 인기척이 느껴졌다. 엄마가 나를 부르는 목소리가 들렸다. 나는 고개를 돌릴 수가 없었다. 추했다.

엄마는 아무 말도 하지 않았다. 세면대에 걸쳐있던 옷을 빨고, 내 방으로 들어와 늘어놓은 음식물들을 치웠다. 그리고 열려있던 서랍을 쳐다보았다. 그 안에 있던 수많은 과자들과, 수많은 약들을 한참을 바라보았다. 이내 엄마는 커다란 쇼핑백을 가져와 서랍을 모두 비웠다. 자. 한마디를 남기고 엄마는 내 방문을 닫고 나갔다.

습관처럼 몸무게를 쟀다. 41kg. 고작 7kg이 빠졌을 뿐이었다. 더 작아지고 싶었다. 더 작아져야만 했다. 설사약을 찾았지만, 방안에 더 이상 남아있는 것은 없었다. 다시 화장실로 가 손가락을 입속으로 밀어 넣었다. 하지만 헛구역질만 나올 뿐이었다. 멍청하게 화장실에 앉아있은지 30분이 되었을까. 화장실문이 열리고 엄마가 나를 잡아끌었다. 엄마는 나를 침대에 앉혀두고 문을 닫았다. 해가 뜰 때쯤 잠이 들었다.

학교에 가지 못했다. 속이 메스껍고 어지러웠다. 기운이 없고 힘이 빠졌다. 몸을 동그랗게 말고 침대에 가만히 누워있었다. 엄마는 날 깨우러

오지 않았다. 단지 오늘 내가 학교에 가지 못할 것 같아 죄송하다는 엄마의 목소리가 들렸을 뿐이었다. 점심때가 되어서야 방문을 열고 나갔다. 엄마는 거실에 가만히 앉아있었다. 엄마의 앞자리는 나를 위해 비워져있는 것 같았다. 엄마는 한동안 아무 말이 없었다. 한참만에 입을 연 엄마는 언제부터였냐고 물었다. 대답하지 못했다. 왜 그랬냐고 물었다. 대답하지 않았다. 엄마는 어렴풋이 알고 있었노라고 말했다. 말없이 고개를 들었다. 언제부턴가 다함께 먹는 아침식사 자리에 내가 없었던 것을, 학원을 빼먹고 운동을 하는 것을, 가만히 엄마를 보았다. 하지만 이정도일 줄은 몰랐다고 말했다. 그저 공부 스트레스라고 생각했다고 했다. 그저 입맛이 없어서, 그저 학원에 가기 싫어서인 줄 알았다고 했다. 아무 말도 하고 싶지 않았다. 너는 뚱뚱하지 않다고 말했다. 대꾸하고 싶지 않았다. 살을 빼지 않아도 된다고 말했다. 대꾸할 가치가 없었다. 너는 충분히 날씬하다고 말했다. 화가 났다. 아니라고 소리쳤다. 거짓말 하지 말라고 소리쳤다. 엄마는 당황한 듯 했다. 내가 날씬하다고? 웃기지도 않는 이야기였다.

　엄마는 아무 말도 하지 않았다. 엄마는 그렇게 침묵해왔다. 밥을 조금이라도 더 먹는 날이면, 아빠는 한심한 눈으로 나를 봤다. 그렇게 먹어서 살찌면 어쩌려고 그래? 그만 좀 먹어. 관리는 미리미리 해야 되는 거야. 채 한 공기도 되지 않는 양이었다. 군것질이라도 하는 날이면 아빠는 혀를 찼다. 밥 먹고 그게 또 들어가? 그런 게 다 살덩어리가 되는 거야. 배 나오면 너 아무도 안 데려가. 초콜릿 한 조각이었다. 누워있는 모습을 보이기라도 하는 날이면, 아빠는 웃는 얼굴로 나를 내려다보며 말했다. 맨날 그렇게 먹고 누워있기만 하니까 돼지가 되는 거야. 옆으로 자라서 굴러다니겠다. 그래서야 누구 품안에 들어는 가겠냐. 전날 밤을 새고 누운지 10분도 되지 않았을 때였다. 그런 아빠 옆에서 엄마는 늘 아무런 말이 없었다. 엄마는 그 어떠한 긍정도, 부정도 하지 않았다. 엄마는 그렇게 침묵으로 아빠에게 동의했다.

무엇보다 엄마는 늘 다이어트를 하는 사람이었다. 매일 런닝머신을 뛰었고, 매일 훌라후프를 돌렸으며, 조금이라도 살이 찌는 것 같으면 밥을 먹지 않았다. 나보다 고작 2cm 정도가 작은 엄마는, 50대를 코앞에 둔 나이에도 50kg이 채 되지 않았다. 친구들이 나보고 말랐대. 아휴, 이 정도로 뭘 말랐다고 하는지 몰라. 딸, 내가 그렇게 말랐나? 그런 소리 듣는 것도 이제 싫다. 말라 보이는 거 싫은데. 키도 더 작아보이고, 볼품없어 보이지 않나? 딸, 딸은 어떻게 생각해? 엄마는 친구들의 말이 지겹다고, 짜증이 난다고 말했다. 그런 말들이 지겨운 엄마는, 매일 몸무게를 쟀다. 그런 말들이 짜증나는 엄마는, 고작 100g이 늘어도 밥을 먹지 않았다. 나는 18살의 나이에 48kg이나 되었다.

엄마는 병원에 가보자고 했다. 치료를 받으면 고칠 수 있을 것이라고 했다. 웃기는 이야기였다. 엄마에게 나는 그냥 병을 가진 아이였다. 엄마의 질문에 대답을 하지 않은 것도, 엄마의 말이 거짓말이라고 소리를 지른 것도, 엄마에게는 중요하지 않은 것 같았다. 엄마는 내가 가진 병에 사로잡힌 사람 같았다. 아마도 밤새 찾았을 것이었다. 엄마는 나와 같은 병을 가졌던 사람들을 치료했던 것으로 유명한 병원들을 읊었다. 더 듣고 있을 필요는 없었다. 엄마 좋을 대로 해요. 근데 오늘은 좀 쉬고 싶어. 방안으로 들어와 침대에 누웠다. 속이 메스껍고 어지러웠다.

의사선생님은 나의 증상에 대해 많은 것들을 물었다. 엄마는 마치 나의 대변인 같았다. 덕분에 나는 단 한 번도 입을 열지 않았지만, 모든 것에 대답할 수 있었다. 단지, 나의 마음은 단 한가지도 대신 전하지 못하는 무능한 대변인 덕분에 틀린 답들이 전해졌을 뿐이었다. 그 덕분인지, 아니면 그 탓이었는지, 의사선생님은 나와 엄마를 다른 곳으로 보냈다. 차라리 약을 지어줬으면 그 약 타러 약국 가는 김에 설사약 좀 사는 건데, 하는 생각을 하는 동안 도착한 곳은 한 상담센터였다. 아무래도 의사선생님이 돌팔이였던 모양이었다. 아무 말도 안하는 나를 상담센터에 보내다니, 돌팔이가 아니고서는 아무도 하지 않을 선택이었다. 나대신 엄마가 상담 받고 가겠군. 시큰둥하게 들어선 상담센터에는 푸근한 인상의 선생님이 나를 기다리고 있었다.

의사선생님도 제법 상냥한 인상이었지만, 상담선생님은 정직하게 상냥한 얼굴을 한 사람이라는 생각이 들었다. 상담선생님은 상담을 진행하는 동안 엄마가 상담실 바깥에서 기다리면 어떻겠냐며, 나의 의견을 물었다. 의사선생님으로부터 무슨 이야기를 들은 것 같다는 생각이 들었다. 사실 딱히 상관은 없었다. 엄마가 있든 없든 상담선생님은 나의 이야기를 들을 수 없을 것이었다. 그럼에도 내가 엄마를 상담실 밖에 있도록 하는 것에 고개를 끄덕인 이유는, 나를 병자 취급하는 엄마를 보고 싶지 않았기 때문이었다. 엄마는 상담선생님께 나와 함께 있으면 안 되겠느냐고 물었지만, 내가 원한다는 말에 어쩔 수 없이 받아들이는 듯 했다. 잘 얘기하고 이따 봐, 딸. 다시 한번, 아무 이야기도 하지 않겠다고 다짐했다.

아무 말도 하지 않겠다고 다짐했던 나였지만, 둘만 남은 상담실에서 나는 왜인지 그 누구에게도 하지 못했던 말들을 쏟아냈다. 경쟁심을 느끼지 않아도 되는 푸근한 인상 때문이었을까. 말랐다는 말로, 날씬하다는 말로, 더 이상 살을 빼지 않아도 된다는 말들로, 나를 옥죄지 않았기 때문이었을까. 내가 원하지 않는다면 엄마에게조차 모든 말들을 비밀로 해주겠다며, 나를 쳐다보던 그 흔들리지 않는 눈동자 때문이었을까. 혹은 그 모든 것들 때문이었을까. 상담선생님은 한참을 입을 닫고 아무 말을 하지 않아도, 가만히 나를 기다려주었다. 내가 갑자기 화를 내고, 울며 욕을 해도, 차분히 내 이야기를 들어주었다. 처음으로 온전히 나의 이야기를 할 수 있었다. 처음으로 누군가에게 나의 밑바닥을 보여주었다. 처음으로, 내 몸매를 생각하지 않은 순간이었다.

이후로도 몇 번의 상담을 더 가졌다. 그러는 동안 나를 기록해보는 셀프 모니터링을 하게 되었고, 얼결에 지른 일이었지만 가족들에게도 내 이야기를 전하는 것에 동의하게 되었다. 엄마, 아빠는 적잖이 충격을 받은 것 같았다. 엄마, 아빠가 상담선생님을 만나고 온 그날, 나는 처음으로 아빠가 집에서 담배 피는 모습을 보았고, 엄마의 기나긴 울음 소리를 들었다.

내가 아침식탁에 앉아본 게 언제가 마지막이었더라. 상담선생님의 권유대로 가족들과 함께 밥을 먹기 위해 식탁 앞에 앉았지만, 숨 막히는 어색함에 일어나고 싶다는 생각 밖에 들지 않았다. 엄마, 아빠는 내 눈치만 보고 있었고, 나 또한 무슨 말을 해야 할지 알 수 없었다. 젓가락을 들었지만, 잘 넘어가질 않았다. 말없이 깨작대던 나는 그만 일어나야 겠다고 생각했다. 이거라도 먹어봐. 젓가락을 내려놓으려는데, 조심스러운 엄마 목소리가 들렸다. 슬그머니 내 쪽으로 밀어준 것은 연어샐러드였다. 나름 신경 쓴 음식이었을 것이었다. 밥만 내려다보느라 보지 못했던 음식들을 훑어보았다. 그제서야 나는 식단의 변화를 느낄 수 있었다. 현미밥에 미역무침, 두부부침, 토마토달걀볶음, 연어샐러드에 단호박까지. 다이어트에 좋다는 음식은 다 만들어놓은 것 같았다. 한참을 음식을 쳐다만 보고 있었다. 엄마는 부엌으로 가 케일주스를 가져왔다. 다 싫으면 이거라도 먹어봐. 처음 만든 거라 맛있을지는 모르겠는데, 아니, 살을 빼라는 건 아닌데, 니가 신경 쓰는 거 같아서. 밥 먹고 싶으면 밥 먹어도 되고. 꼭 이걸 먹으라는 건 아니고. 아유, 자꾸 살 얘기를 하려는 건 아닌데……. 횡설수설 하는 엄마의 말에서 나를 생각하는 마음이 느껴졌다. 나를 배려하고도 내 눈치를 보는 엄마가 조금은 귀엽다는 생각이 들었다. 살 빼니 어쩌니 그런 얘길 왜 자꾸 해? 그리고, 안 그래도 잘 안 먹는데 밥을 먹어야지. 애 삐쩍 마른 거 안보여? 그 옆에서 엄마에게 속닥거리는 아빠의 말에서 나를 걱정하는 마음이 느껴졌다. 힐끔힐끔 내 눈치를 보며 엄마를 타박하는 아빠도 조금은 귀엽다는 생각이 들었다. 그만하고 밥 먹어요. 숟가락을 들고 밥을 떠먹었다. 내 말에 후다닥 다시 앉아 나를 쳐다보는 엄마, 아빠의 시선이 느껴졌다. 앞으로도 이렇게 같이 밥을 먹을 수 있겠다는 생각이 들었다. 어쩌면, 모든 것이 좋아질 것 같았다.

이 글은 〈문학 속 문제아동과 치료〉라는 대학원 수업을 들으면서 저작한 단편소설이다. 장애를 겪거나 마음의 병을 얻은 사람에게 실제적인 상담기법도 물론 중요하지만, 그 과정에서 보여지는 '공감'과 '진심'이 더 중요하다는 생각에서 저작되었다. 소설 속 장애아동과 아동의 상담을 진행하는 상담선생님은, 많은 부분 나와 교수님의 모습이 투영된 인물이다. 교수님이 몸소 보여주신 것처럼 진심을 다해 상대방에게 귀 기울이고 공감해주는 것만으로도 치유는 시작된다고 생각한다.

손민영

충분히 머물 수 있는 기회를
– 푸시킨 시의 재저작을 통한 자기발견

1. 들어가는 말

나는 3년 전 지인의 부탁을 들어주었다. 그 후 그 일을 까맣게 잊고 살다가 얼마 전 당시 그 일이 잘못 되었음을 알았다. 신뢰하던 사람이었기에 슬픔이 컸다. 나는 그동안 지인에게 철저히 이용당하고 있었다는 생각과, 이 일은 내가 못나고 멍청했기 때문이란 자책감에 괴로웠다. 나를 괴롭히는 자동적 사고를 정리하면 다음과 같다.

'나'를 괴롭히는 자동적 사고

나는 지금까지 이용당하고 있었어. 여전히 그렇지. 이 모든 건 내가 바보 같고 멍청하기 때문이야. 그 사람이 일을 해결해주지 않으려는 것도 내가 만만하기 때문이지. 나는 누구에게나 만만하고 멍청해.

나는 비합리적인 자동적 사고에 빠져 헤어나기 힘들었다. 비합리적 사고가 나를 지배하자 세상과 미래를 향한 부정적 사고까지 나를 지배

했고, 나는 점점 더 우울하고 근심 많은 사람으로 변해갔다.

2. 글쓰기치료 : 내면의 객관화 작업

지인과의 사건 하나가 내 삶 전체를 우울에 빠뜨리는 것이 과연 합리적인가? 나는 자기분석을 통해 질문에 대한 답을 찾고 상황을 진전시킬 수 있으리라 기대하였다. 자기분석을 위해서는 보이지 않는 내면을 보이는 대상으로 시각화하고, 그것을 분석하는 객관화 작업을 수행해야 한다. 이때 자기를 표현하는 글쓰기는 그것을 꾀할 수 있는 유용한 방법이 된다. 내가 사용한 시각화 방법은 크게 2가지다. 차례대로 소개한다.

1) 책임 파이(pie) 만들기

핵심 사건(지인과의 사건)으로 인해 내가 괴로운 이유는 사건 발발에 대한 책임을 나 자신에게 물으며 자책하고 있기 때문이다. 과연 이것은 합리적 진실일까? '기분의 인지치료'를 다루는 Dennis Greenberger와 Christine A. Padesky는 죄책감이나 수치심을 느끼는 사건에서 본인이 느끼는 죄책감이나 수치심의 크기가 진실인지 알아보는 객관화 작업을 제안한다. 그것은 바로 사건에 대한 책임의 정도를 시각화하는 책임 파이 만들기 작업이다. 나는 그 작업을 이용해 진실을 확인해보고자 한다. '책임 파이를 만드는 방법'[01]을 소개하면 다음과 같다.

---

01) Dennis Greenberger · Christine A. Padesky, 권정혜 역, 『기분다스리기』, 학지사, 1999. 326쪽.

책임 파이를 만드는 방법

1) 죄책감이나 수치심을 느끼는 부정적인 상황이나 사건을 정한다.
2) 그 결과에 영향을 미친 모든 사람이나 상황을 적는다.
3) 동그란 파이 안에 2)에 작성된 내용을 바탕으로 책임 파이를 배분한다 (펜으로 직접 그려 배분한다). 중요한 것은 '나'의 파이를 가장 마지막에 배분받는다는 것이다.
4) 내가 이 일에 100% 책임이 있는지 확인한다. 그리고 책임 파이 만들기 작업 후 내가 느끼는 죄책감이나 수치심에 차이가 있는지 확인한다. 만약 '나'의 책임 파이가 크다고 생각한다면 피해를 보상하기 위해 무엇을 할 수 있는지 생각해 본다.

책임 파이를 만드는 방법에서 중요한 것은 다른 사람이나 상황에게 책임을 먼저 분배하고 가장 마지막에 남는 파이를 본인 파이로 배분받는 것이다. 일반적으로 자책감이나 수치심에 빠진 사람은 부정적 감정에 압도되어 있다. 그 기분이 그대로 책임 파이 작업에 적용되기 때문에 자신의 파이를 먼저 배분하면 진실보다 큰 파이를 배분하게 되고, 결국 다른 사람이나 상황에게 나눠 줄 파이가 더 이상 남아있지 않는 경우도 생긴다. 자신에게 어서 큰 파이를 나눠줘 버리고 싶은 기분이 들더라도 참고 기다리며 다른 이의 파이를 먼저 배분하도록 한다. 규칙에 따라 진행한 나의 작업 내용을 소개하면 다음과 같다.

'나'의 책임 파이 만들기 작업 내용

1) 상황이나 사건 : 지인에게 이용당한 사건
2) 이 사건에 영향을 미친 사람/상황 :
   ① 지인 : 나를 이용했다.
   ② 담당직원 : 사실을 인지하고도 방관하였다. 일이 벌어진 후에야 당시 이상하게 생각했다고 실토하였다.
   ③ 선배 : 사실을 인지하고도 방관하였다. 오히려 일이 벌어진 후에야 본인이었다면 부탁을 거절했을 거라고 말했다.
   ④ 나 : 바보라서 이용당했다.

3) 책임 파이 만들기

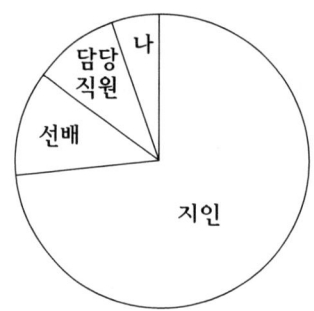

4) 책임 파이 분석 : 책임 파이 분석 결과 알게 된 진실은 이 사건이 일어난 데 대한 나의 책임이 결코 50%를 넘지 않는다는 것이다. 당시 나는 지인의 부탁을 들어줌으로 인해 발생하게 될 어떤 문제도 예측할 수 없었다. 전혀 경험한 적이 없었고, 사람을 신뢰했기 때문이다. 사람을 속이는 자가 잘못인가, 믿는 자가 잘못인가? 결코 사람을 신뢰하는 태도가

잘못은 아니다. 반면 나에게 부탁을 했던 지인은 발생하게 될 여러 문제를 충분히 예측할 수 있는 나이와 직위, 경험을 가지고 있었다. 그럼에도 지인은 자신의 편의와 이익을 위해, 나는 부탁을 거절하지 않을 사람이란 것을 예측하여 나에게 부탁하였다. 또한 그 일을 담당하고 있던 직원 및 선배는 당시 문제 상황을 인식하고 있었으나 방관하였다. 나는 발생할 문제 상황을 예측하지 못했으므로 무언가를 질문하거나 알아볼 생각을 전혀 하지 못했다. 그러나 문제 상황을 예측하고 있었던 그들은 나에게 조언해 줄 수 있었다. 2)의 ①~③의 서술어는 능동이다. 그러나 '나'와 관련된 ④의 서술어는 피동이다. 나는 그동안 나의 우울에 짓눌려 감정적으로 막연히 나를 탓하고 나의 자존감을 짓밟고 있었다. 그러나 책임 파이 작업을 통해 내가 그 사건에 능동적으로 개입한 것이 아니라 단지 휩쓸린 것임을 깨달았다. 이제 자책감은 그만 가져도 된다고 또 다른 내 목소리가 이야기한다.

2) 시를 이용한 글쓰기치료

'표현적 글쓰기를 즐기는 사람들의 대다수는 시를 높이 평가'[02] 한다. 시의 은유는 시를 대하는 독자에게 얼마든지 다양한 의미를 생성해 줄 수 있기 때문이다. 독자는 자신이 처한 상황이나 사건, 개인사에 따라 의미를 부여하고 자신만의 원관념을 만든다. Pennebaker는 현재의 자신에게 '의미 있는 시를 생각하거나 읽으면서 자신을 시의 감정적 상태에 빠뜨'[03]릴 것을 권장한다. 이어서 운율에 상관없이 원하는 만큼 자유롭

---

02) James W. Pennebaker, 이봉희 역, 『글쓰기치료』, 학지사, 2007, 201쪽.
03) 위의 책, 202쪽.

게 자신의 경험을 시로 바꾸어 보고 유익한 결과를 확인해 보라고 한다.

책임 파이를 만드는 동안 떠오르는 시 한 편이 있었다. 러시아 시인 푸시킨의 「삶이 그대를 속일지라도……」라는 시였다. 먼저 푸시킨의 시 「삶이 그대를 속일지라도……」[04]를 소개한다.

> 삶이 그대를 속일지라도
> 슬퍼하거나 노하지 말라!
> 우울한 날들을 견디면
> 믿으라, 기쁨의 날이 오리니
>
> 마음은 미래에 사는 것
> 현재는 슬픈 것
> 모든 것은 순간적인 것, 지나가는 것이니
> 그리고 지나가는 것은 훗날 소중하게 되리니
>
> — 푸시킨, 「삶이 그대를 속일지라도……」 전문

누군가가 나를 속였고, 결국 내 삶까지 속았다는 생각에 빠져있는 나에게 시의 제목은 강렬하게 다가왔다. 시는 현재의 나를 빤히 들여다보기라도 한 듯 더 이상 슬퍼하지 말라고 위로하였다. 현재는 슬프겠지만 미래는 괜찮을 것이라고, 겨울이 지나면 곧 봄이 오는 것이라고 격려해주었다. 그 속삭임은 설득력이 있었고, 이제 쓰러져 울고 있는 나를 일으켜 세우는 작업을 하고 싶었다. 더 구체적으로 말하자면 시에게 힘을 얻은 만큼 그 힘을 시로 표현하고 싶었다.

---

04) Aleksandr Sergeevich Pushkin, 최선 역, 『삶이 그대를 속일지라도』, 민음사, 1997, 42쪽.

Pennebaker의 쓰기 지침[05]과 지침에 따라 푸시킨의 시를 재저작한 나의 시를 소개한다.

---

* 쓰기 지침

다음 쓰기 과제에서 당신의 개인적인 경험을 시로 바꾸어 보라. 운율을 가지지 않아도 된다. 당신이 원하는 만큼 자유로운 시가 되어도 좋다. 마음속 검열기를 끄고 감정, 생각, 또는 지금 당신의 깊은 내면에 있는 꿈을 깨워 보라. 시간제한은 없애 버려라. 원하는 만큼 길게 써도 된다.

삶이 당신을 속였다고 생각하나요?
마음에 귀를 대요. 대화를 시도해요.

삶은 결코 당신 편이 아니라고 생각해요?
가만 옆을 보세요. 당신 옆에 무엇이 놓여있는 지를요.

주먹 가득 쥐어도 모래 뿐인 그 곳에서
반짝반짝 무언가는 빛나고 있음이
보이나요.

햇살이 좋으면 한아름 햇살을 안고
빗소리가 좋으면 마음껏 빗소리에 취하세요.

---

05) James W. Pennebaker, 앞의 책, 203쪽.

당신 스스로에게,
충분히 머물 수 있는 기회를 주세요.

― 손민영, 「충분히 머물 수 있는 기회를」 전문

푸시킨의 시에서 '삶이 그대를 속일지라도'라는 첫 행이 가슴을 가장 뜨겁게 했고, 그 뜨거움을 안은 채 시를 쓰기 시작했다. 지침에 따라 그저 쓰고 싶은 대로, 운율이니 뭐니 신경 쓰지 않았다. 자유롭게 떠오르는 대로 썼다. 그 결과 재저작 된 시의 목소리는 푸시킨 시의 목소리와는 다른 결을 가지고 있었다. 무엇보다 나 자신에게 "충분히 머물 수 있는 기회를 주"라는 구절에 눈길이 오래 머물렀다. 나는 나 자신이 특정 시간을 견디지 못할 것이라고 스스로를 불신하고 있었다. 그래서 스스로에게 시간을 대면하고 숙성시킬 기회조차 주지 않고 있었다.

나는 지금 당장 지인과의 사건이 해결되길 원하고 있었고, 하루하루 지켜보는 것 자체가 고통이었다. 물리적 시간을 내 마음대로 조절할 수 없는데도 나는 줄곧 안절부절이었다. 내 안의 목소리에 귀를 기울이고 싶지도 않았다. 그저 나는 슬프고 괴롭다고 소리 지르며 자지러지게 울기만 했다. 나는 이제 그만 울음을 그치고 내 안의 어린아이를 토닥이고 싶었다. 단지 목 놓아 부른다고 봄이 와 주는 게 아니다. 겨울이 할 일을 하고 때에 이르러야 봄이 온다. 햇살이 뜨겁다고 서둘러 그늘로 가기보다, 비가 내린다고 서둘러 비를 피하기보다, 그것이 품은 에너지가 나에게 머물 수 있는 시간을 주고 싶다. 내가 쥔 것은 한낱 모래처럼 별 것 아닌 것 같아도, 아무 것도 없는 게 아님을 믿고 있다. 시가 이렇게 나의 기분을 다스리고, 나의 자존감을 일으켜 세웠다.

3. 나오는 말

『행운을 부르를 아이, 럭키』(Susan Patron, 김옥수 역, 와이즈아이, 2007)라는 소설을 좋아한다. 주인공 럭키는 내면의 강력한 힘을 찾고자 알코올 중독 치료자들의 모임을 자주 엿듣곤 하였다. 그들에게서 내면의 힘을 찾는 방법을 배울 수 있을 거란 기대 때문이었다. 럭키를 보며 나와 닮았다는 생각을 했다. 나 역시도 내면의 강력한 힘을 찾고 싶었기 때문이다. 나의 내면의 어떤 것을 찾으려면 나와의 대면이 선행되어야 할 것이다. 그것을 '자기발견'의 시작이다. 나를 표현하는 글쓰기는 보이지 않는 나의 내면을 보이는 것으로 바꾸어 준다. 즉 내면을 시각화하여 '자기발견'을 돕는다. 글쓰기치료를 통해 나는 내 안의 많은 나를 발견했다. 내 안에는 울고 있는 아이도 있지만, 어른스러운 나도 있고, 우울에 빠진 나도 있지만, 우울에 빠진 나를 건지려 손을 뻗고 있는 나도 있었다. 내 안에 나의 동지가 여럿 있다는 생각에 이르자 나는 더욱 용감하고 꿋꿋해진 기분이 들었다.

참고문헌

Aleksandr Sergeevich Pushkin, 최선 역, 『삶이 그대를 속일지라도』, 민음사, 1997.
Dennis Greenberger · Christine A. Padesky, 권정혜 역, 『기분다스리기』, 학지사, 1999.
James W. Pennebaker, 이봉희 역, 『글쓰기치료』, 학지사, 2007.

나는 감정이 불안정할 때 일상이 심하게 흔들리는 사람이다. 때문에 〈글쓰기 치료학〉 수업에서 공부한 정서를 다루는 글쓰기 기법들은 매우 흥미로웠다.

    이 글은 나의 일상을 심하게 뒤흔든 사건을 만났을 때 수업에서 배운 기법들을 적용하여 자기치료한 사례이다. 책임 파이 만들기 작업은 격해진 감정에 밀려나 있던 이성을 불러내 감정을 다스린 작업이었고, 푸시킨 시의 재저작 작업은 다스린 감정을 선방향으로 확장한 작업이었다.

    격정적 감정으로 무너진 감정과 이성의 균형을 회복시키기 위해서는 감정을 관찰하고 분석해야 한다. 이것은 이성을 활동하게 하므로 무너졌던 감정과 이성의 균형을 회복시킨다. 이 글에서 그 회복의 과정을 확인할 수 있고, 문학의 감상과 창작이 개인에게 선사하는 기쁨도 만나볼 수 있다.

정민희

내 안의 장미
- 생텍쥐페리의 「어린 왕자」를 읽고

※ '어린 왕자'의 별에는 장미가 있었습니다. 어린 왕자는 장미 때문에 별을 떠나왔지만 장미를 그리워했습니다. '나'의 장미는 어떤가요? ① '장미' 하면 떠오르는 것을 적고 ② '나'의 안에서 ①의 모습을 찾아, '내 안의 장미'를 주제로 저작해 보십시오.

1. 1차 저작

1) '내 안의 장미'

내 안에 장미가 있을까? 장미하면 떠오르는 것은 열정, 사랑, 화려함, 가시, 장미꽃향기, 여름 정도이다. 이 안에서 찾는다면 가시일 것이다. 고등학교 때부터 언제나 가슴 속에 뾰족한 가시가 있었다. 그 가시는 얌전 하다가도 나를 억누르는 말에, 나를 상처 주는 말에, 그리고 내 자존심에 금이 갈 때 위력을 발휘한다. 그 위력은 독설이다. 독설이 입으로 나오는 순간 나는 상대방을 찌르기 위해 태어난 사람이 되며 타인이 나를 찌르는 말에도 흔들리지 않는다. 기어이 상대가 상처 받아야 끝이 난다. 이 가시는 대학을 오며, 나이를 먹어가며 조금씩 작아졌지만 아직 내 안에서 사라지지 않고 뾰쪽한 끝을 겨눌 타이밍만 기다리고 있다.

2) 1차 저작 후 평가

내 안의 장미를 처음 쓰고 발표 한 후 교수님께서 장미에 대해 여섯 가지를 떠올려 놓고 한 가지만 쓴 것을 지적 받았다. 또 긍정적 의미를 가진 다섯 가지 단어가 아니라 부정적 의미를 지닌 한 단어를 선택한 것은 습관적 의식이라고 피드백을 받았다. 생각해보니 쓰지 않은 다섯 가지 단어가 아깝다는 생각이 들었다. 그리고 긍정적인 단어로 나를 표현해 보고 싶었다.

2. 2차 저작

1) '내 안의 장미' 재저작 : '내 안의 장미'

내 안에 장미가 있을까? 장미하면 떠오르는 것은 열정, 사랑, 화려함, 가시, 장미꽃향기, 여름 정도이다.

나는 즐거운 일, 좋아하는 일을 할 때, 특히 내가 잘하는 일을 할 때 열정을 드러낸다. 예를 들면, 청소와 설거지를 좋아하기 때문에 깨끗이 열심히 한다. 하지만 빨래는 좋아하지 않으므로 대충한다. 재미있는 책을 읽을 때는 밤을 새서라도 다 읽는다. 한 번 시작한 일은 죽이 되든 밥이 되든 끝장을 보고야 만다.

내 안에 사랑은 받는 것보다는 주는 것이다. 사랑하는 사람이 필요할 때 옆에 있어 주는 것이며 그 사람이 말 하고자 할 때 이야기를 끝까지 들어주는 것이며, 항상 곁에 있어주는 것이다.

내 안의 장미 중 화려함은 없는 것 같다. 난 화려함을 추구하지도 않으며 화려해지고 싶지도 않다.

  내 안의 가시를 살펴보면, 고등학교 때부터 언제나 가슴 속에 뾰족한 가시가 있었다. 그 가시는 얌전 하다가도 나를 억누르는 말에, 나를 상처 주는 말에, 그리고 내 자존심에 금이 갈 때 위력을 발휘한다. 그 위력은 독설이다. 독설이 입으로 나오는 순간 나는 상대방을 찌르기 위해 태어난 사람이 되며 타인이 나를 찌르는 말에도 흔들리지 않는다. 기어이 상대가 상처 받아야 끝이 난다. 이 가시는 대학을 오며, 나이를 먹어가며 조금씩 작아졌지만 아직 내 안에서 사라지지 않고 뾰족한 끝을 겨눌 타이밍만 기다리고 있다.

  장미와 여름 하면 난 어린 시절이 떠오른다. 집에서 키우던 장미나무 가시를 뜯어내어 침을 묻혀 코에 얹었던 일도 떠오르고, 가시에 찔릴까 다가가지 못하고 바라만 봤던 장미꽃들도 떠오른다. 지금은 잘 기억나지 않는 것들이다.

  나는 아직 활짝 피지 못하고 꽃망울만 맺혀 있는 장미다. 그래서 아직 향기를 머금고 있을 뿐 뿜어내지 못하고 있는 것 같다. 언젠가 뿜어낼 향기로 나를 비롯한 모든 사람들이 즐거워지길 바란다.

2) 2차 저작 후 평가

  '내 안의 장미'를 처음 쓰고 난 후에 과제를 했다는 성취감 보다는 뭔가 찜찜한 기분이 들었다. 그런데 '내 안의 장미'를 재저작 해보니 내 자신이 근사해 보였다. 부정적인 면도 있지만 긍정적인 면도 있다는 것이 기분 좋았다. '아 나도 꽤 괜찮은 사람이구나.' 라는 생각이 들었다.

3. 3차 저작

1) '내 안의 장미' 3차 저작 : '봐라만 봤던 장미꽃'

내 안의 장미 중 여름 부분에서 나는 어린 시절을 떠올렸다. 집에서 키웠던 장미나무 가시를 뜯어내어 침을 묻혀서 코에 얹었던 나 와 가시에 찔릴까 다가가지 못하고 장미꽃들을 바라만 봤던 나를 말이다.

곰곰이 생각해보니 '내 안의 장미' 글에서 여름은 어린 시절 나와 관련된 사람들과의 관계를 은유적으로 나도 모르게 표현한 것이 아닌가 하는 생각이 들었다.

어릴 때 나는 외로움을 참 많이 느끼는 아이였다. 부모님이 맞벌이를 하셨기 때문에 아침에는 할머니 집으로 저녁에는 우리 집으로 왔다. 학교에 다니면서는 아침에 학교 갔다가 할머니 집으로 하교 후 저녁이 되면 우리 집으로 갔었다. 그때 제일 부러웠던 것은 학교 끝나고 집으로 갔을 때 엄마가 있는 친구였다. 참으로 희한한 것은 엄마보다는 아빠가 더 바빴고 하여 아빠 얼굴을 보는 게 더 힘들었는데도 나는 아빠에 대한 원망보다는 엄마에 대한 원망이 더 크다는 것이다.

아무튼 그때 나의 외로움을 채워줄 대상은 친구였다. 언제나 나와 놀아 줄 친구를 찾아 다녔던 것으로 기억한다. 이 시절 나는 친구와 싸우면 내 잘못이 아니어도 먼저 사과했으며, 쉽게 친구를 용서했었다. 초등학교 때 사귀었던 정미, 효순이, 진주, 미희는 내 인생의 전부였었다. 중학교 1학년 때까지는······.

그 중 송효순이란 친구에 대해서 말하고 싶다. 이 친구는 예쁘장한 용모에 잘 꾸민 머리스타일, 아담한 체격에 공부를 잘 했던 것으로 기억한다. 내가 참으로 좋아했고 동경했던 친구다. 왜 그랬을까? 시녀 병이 걸린 사람처럼 효순이를 공주 모시듯 대하고 그렇게까지 좋아했을까? 중학교에 입학한 지 한 달쯤 지났나? 같은 초등학교를 나온 친구한테 전화가 왔었다. 대뜸 "너 효순이 어떻게 생각해? 좋아? 싫어?"라고 물었다. 나는 망설임 없이 "좋아."라고 말했다. 그러자 친구는 "좋아?"라고 되물었다. 친구는 효순이가 얼마나 자기 밖에 모르는 이기적인 아이인지 모르냐며 내게 물었지만 몇 번을 되물어도 내 대답은 똑같았다. 체념한 친구는 전화를 끊었고 다음날 나는 어젯밤 통화의 진실을 알게 되었다. 학교에 가니 효순이가 나에게 고맙다고 말했다. 무슨 소린가 했더니 어제 전화를 했던 친구가 같은 초등학교를 나온 여자애들에게 모두 전화를 걸어 효순이가 좋은지 싫은지 물어봤는데 나만 좋다고 대답했단다. 친구는 그 사실을 그대로 효순이한테 전달했다고 한다. 난생 처음 효순이한테 고맙다는 말을 들었는데 나는 기쁘지 않았다. 오히려 뭔가 미안한 마음이 들었다.

  그 후 진주는 집안 사정으로 멀어져 갔고, 미희는 일진이 되어 멀어지고, 나와 정미와 효순이만 남았지만 이 우정은 오래가지 않았다. 중학교 1학년 가을 때였던가? 학교에서 점심시간에 정미가 나에게 와 하는 말이 효순이가 나에게 절교 선언을 했다는 것이다. 그 날 아침 등교할 때 내가 내 말만 했다는 이유 때문이었다. 어처구니가 없어서 효순이를 불러 물어봤더니 효순이는 상당히 마음에 맺힌 듯 화를 내며 말했던 것으로 기억한다. 한참동안 설득과 변명을 반복하면서 오해를 풀려고 노력했지만 결과는 달라지지 않았다. 나는 돌아섰고 정말 서럽게 오랫동안 울었다. 우는 동안 정미는 묵묵히 내 옆에 있어주었다. 이제 옆에 남은 친구는 정미뿐이었지만 정해진 순서였던 것 마냥 중학교 2학년이 되면서 멀어져 갔다. 그 후 많은 친구를 사귀었지만 정을 주었던 친구는 없었다. 나는 더 이상 외로움을 느끼지 못하게 되었고 사람에게 회의적이 되었다. 친구는 넓고 얕게 사귀는 것이 좋다고 생각했다.

　몇 년이 지나서 정말 보고 싶었던 친구는 그렇게 좋아했던 효순이가 아니라 정미였다. 내 표정만 봐도 내 기분이 어떤지 알았던, 내가 울고 있을 때 묵묵히 옆에 있어줬던, 그렇게 언제나 옆에 있었던 정미가 보고 싶었다. 하지만 그사이 우린 너무 멀어졌고 돌이키기엔 나에게 용기가 없었다. 우리는 고등학교 3학년이 되어서야 같은 반이 되었고 같은 무리에서 어울리긴 했지만 가까워지지는 않았다.

　나는 나를 특별히 대하지 않는 대상을 특별하게 대하기 위해, 나를 특별히 여겨줬던 그래서 내가 특별히 대했어야 할 친구를 잃었다는 사실을 그 때 깨달았으며 아직까지 후회하고 있는 부분이다.

　이것은 내게 가시이며 나를 가시로 만드는 부분이다. 또한 겁없이 가시를 뜯어 놀던 나를 겁먹게 만들었으며 끝내 장미꽃나무를 외면하게 만들었던 나의 기억이다.

2) 3차 저작 총평 : '그 때 그 때 완료하고 나면 후회 없는 삶'

　후회 없는 삶이란 무엇일까. 나는 오래전부터 이미 지나 버린 일, 그래서 돌이킬 수 없는 일을 후회하지 않는 삶을 살기 위해 노력했다. 잊어버리는 것이 낫다고 생각했다. 나는 이 다짐을 꽤 잘 지켰다고 생각한다. 그런데 '내 안의 장미'를 쓰면서 마음으로 받아들이는 것 또한 중요하다는 것을 알게 되었다. 꽤 오랫동안, 슬퍼서 과거의 기억으로 묻어둔 채 살았다. 살면서 가끔씩 생각은 했지만 애써 외면했던 일을 글로 써 보니 후회는 남지만 슬프지는 않았다. 또 사람들 앞에서 이 글을 읽을 수 있을 정도가 되었다.

　그렇다. 나는 드디어 나의 슬픔을 마주보게 되었다. 또한 열정이 있고,

기분 좋은 어렸을 때의 추억과 사랑을 나눠 줄 수 있는 사람이라는 나의 좋은 점을 알게 되어 기쁘다.

상대에게 그 때 그 때 전해야 할 말을 하고 난 후 상대가 나를 대하는 태도가 묘하게 이상해지는 것을 느끼곤 했다. 그런 예민한 나의 기질 때문에 나는 말하는 것이 불필요하다고 생각했다. 그리고 '지나간 일은 후회하지 말자'라는 좌우명까지 가지면서, 문제를 키우지는 않았지만 해결하지도 않았었다. 그것이 오랫동안 내가 숨겨둔 나의 문제점이었다.

이제는 긍정적인 말이든 부정적인 말이든 그 때 그 때 해야겠다. 만약 상대가 받아들이지 않는 것 같으면 내 진심을 오해 없이 받아들일 때까지 계속 말로 전해야겠다. 난 말투가 다정한 편은 아니니 말투에도 신경을 써야할 것이다. 만약 말로 못한다면 편지라도 써서 전하도록 하겠다. 그 때 그때 완료하고 나면 후회 없는 삶, 그런 삶을 살도록 해야겠다.

참고문헌
Saint Exupery, 김제하 역, 「어린왕자」, 소담, 1990.

이 글은 한남대학교 문예창작학과 글쓰기교육 전공 수업 중 〈문학과 심리치료〉 시간에 진행한 실습과제이다. 이 수업은 문학심리학에 대한 이론 및 관련 논문의 요약발표와 실습을 하는 수업이었다. 그 중 문학텍스트 「어린왕자」를 선정하여 읽고 책 속에 등장한 장미에 비유하여 내 안에 존재하는 장미에 대한 글을 써오는 것이 과제의 시작이었다. 1차 저작은 분량과 상관없이 떠오르는 대로 써보는 것이었다. 써 온 글을 강의실에서 함께 읽고 난 후 수업을 함께 한 교수님과 대학원생들의 피드백을 받았다. 이후 다시 글쓰기를 했다. 저작은 3회에 걸쳐 반복되었고 재저작을 할수록 글의 분량은 늘어갔다. 시작은 과제를 위한 실습이었지만 저작이 거듭될수록 점점 더 나에게 몰입하는 글쓰기를 하게 되었기 때문이다. 그간의 경험과 마지막 총평을 쓰고 나니 나에 대한 이해가 늘었고 그로 인해 내 내면이 긍정적으로 변화되었던 실습이기에 기억에 많이 남는다.
 참고로 이 글에 등장하는 인물의 이름은 모두 가명이다.

박지혜

매슬로우 욕구 이론에 근거한 소설 속 인물 분석
– 단편소설, 「무한궤도」를 중심으로

1. 들어가는 말

소설은 인물, 사건, 배경으로 구성된다. 그 중 인물은 극의 내용과 주제를 이끌어 나가는 가장 큰 축이라고 볼 수 있다. 인물의 캐릭터를 어떻게 구현하는가에 따라 또한 인물이 사건을 어떻게 풀어나가는 가에 따라 극에 긴장감과 흥미가 더해진다.

본 연구에서는 인물의 의식세계에 초점을 맞추어 등장인물의 특성을 파악해 보고자한다. 매슬로우의 욕구이론[01]에 근거하여 극 중 인물의 의식단계는 어느 단계인지, 그 단계에서 머물러 있는 지 혹은 더 성장하고자 하는 지를 인물의 언어와 생각 행동을 통해 분석하여 비평의 분야를 심층적으로 확장해 보고자 한다.

---

[01] 매슬로우는 인간의 본능을 욕구의 위계에 따라 구분하였다. 욕구에는 가장 하위 단계부터 순서대로 생리적욕구, 안전욕구, 소속감и 애정욕구, 존경욕구, 자기실현욕구, 자기초월욕구가 있다.

2. 작품 선정이유 및 줄거리

1) 작품 선정이유

소을석의 단편소설「무한궤도」에는 일명 '노숙자'인 주인공이 등장한다. 우리가 언뜻 보기에 그런 노숙자들은 매슬로우의 욕구이론 중 생리적 욕구만을 추구하고 채우기 위해 살아가는 것처럼 보인다. 과연 그들의 생각과 추구하는 바는 무엇인가. 소설은 '단순히 허구'만을 표방하는 것이 아니라 '사실을 근거로 한 허구' 또는 '현실에 실제로 있을 법한 허구'를 표방하기 때문에 소설 속 인물 연구는 인간을 이해하는데 돕는 유용한 방법이다.

특히, 이 소설은 1인칭 주인공 관찰자 시점으로 쓰였기 때문에 주인공의 생각이나 속마음을 통해 의식세계와 가치관을 조금 더 면밀하게 파악할 수 있다는 장점이 있다.

2) 작품 줄거리

뺑소니 사고로 졸지에 폐인이 된 '나'. 사고 후 치료비로 퇴직금마저 다 써버렸다. 월세방을 옮겨다니고 아내는 행상까지 하나, '나'의 몸도 가정형편도 회생할 가망이 없었다. 참다 못해 아내마저 딸을 업고 편지만을 남긴 채 떠나갔다. '나'는 아내를 기다리지만 아내는 돌아오지 않고, 자살기도를 하지만 번번이 실패한다. 결국 '나'는 지하철의 부랑자가 되었고, 집을 나오면서 주머니에 가지고 온 칼의 싸늘한 촉감에 위안을 받으며 지낸다. 굶주림에 먼지 묵은 핫도그를 주워 먹으며 발기하지도 못하는 자신의 무력감에 딸애의 이름을 부르며 오열하기도 한다. 어느새 '나'는 지하철의 모든 사람들이 익명의 가해자인 동시에 익명의 피해자라고 생각한다. '나'는 가끔 타인을 향해 테러를 저지르는 모습을 상상하면서 주머니속의 칼을 매만진다. 마침 지하철에서 한 여자와 남자 승객이 싸우는 틈을 타, '나'는 칼을 빼들고 '네 놈이 날 치었지' 하며 사내에게 달려든다. 그러나 '테러'는 실패로 끝나고, '나'는 흠씬 두들겨 맞는다. '나'는 매를 맞는 와중에도 웃음을 터트린다. 그 웃음을 다른 사람은 울음으로 듣나보다고 생각한다.

이제 '나'는 길게 의자에 누워 있다가 정신이 든다. 시간감각도 잊었다. '나'는 승객들이 묻혀온 눈을 보고 싶어 창을 열고 깊은 심호흡을 한다. 그리고 결국엔 영하의 날씨인 플랫폼으로 나가 잠을 청하면서 다음날 깨지 않기를 바란다.

3. 작품 속에 드러나는 주인공에 대한 평가 및 분석

1) 외형적 평가

(1) 살아온 환경

소설의 중간 중간 주인공의 회상을 통해 주인공이 살아온 과정 즉, 노숙자가 된 이유가 설명된다. 이를 통해 그가 처음부터 노숙자가 아니라는 것(상위욕구를 전혀 추구하지 않고 하위욕구 충족에만 머물러 있지 않았다는 점)을 알 수 있다. 주인공의 지난 과거와 현재 상황의 변화를 통해 인간의 의식은 처한 상황에 따라 성장하기도 하지만 퇴보하기도 한다는 점을 유추해 볼 수 있다.

다음은 소설의 내용 중 주인공의 의식세계 및 욕구단계를 유추해 볼 수 있는 대목이다. 살아온 환경을 중심으로 구성하였다.

① 6개월 동안 지속된 물리치료는 나를 침대에서 내려와 더듬거리며 걷게 하는데는 성공했지만 끝내 젊은 아내의 남편으로는 회복시켜

놓지 못했다.

② 나는 내가 왜 집기를 부수뜨렸으며 벽에 머리를 짓찧었으며 마침내는 내 몸에 칼로 그어 버렸는지 모른다.

③ 주체할 수 없는 분노가 어떻게 나라는 인간을, 너무 착해 빠져서 세상살이 팍팍하겠다라는 나라는 인간을 영화에서나 볼 수 있는 잔인한 몸부림으로 바꿔 놓았는지 알지 못했다.

④ 내 수중에서 마지막 동전이 달아나 버린 것이 벌써 한 달 전. 돌이켜 보면 지난 한 달을 어떻게 살았는지 아득하기만 하다. 어느 거리를 기웃거리고 어느 후미진 쓰레기통을 뒤지며 여기까지 흘러와 있는 것인가.

⑤ 방을 비워야 하는 마지막 날, 마지막 동전을 털어 연탄을 한 장 사서 불을 붙이고 그것을 방안에 넣었다가 쥐새끼 한 마리 기어 들어와 까만 눈을 빛내는 것을 보고 연탄을 마당에 던져 버렸었다.

⑥ 그리고 남산의 소나무 가지에 밧줄을 걸었다가 굽어 보이는 도시의 불빛이 서러워 밧줄을 풀어 버렸고, 어느 공중변소에서 동맥에 칼을 대었다가 살가죽만 조금 찢어 놓고는 머리를 쥐어뜯고 말았다.

뺑소니 교통사고 후, 주인공의 아내는 경제적으로도 성적으로도 불능이 되어버린 주인공(남편)을 6개월간 기다리고 그 역할까지 대신 하지만 이내 곧 딸을 데리고 떠나 버리고 만다. 아내는 기존 가정에서 소속감과 애정욕구를 총족하길 원했다. 또한, 조금만 참고 기다리면 그것이 곧 충족될 것이라는 희망으로 남편의 영역까지 노력하며 생활을 이어나갔다. 하지만 남편은 가망성을 전혀 보이지 않았고, 생리적인 욕구마저도 채워주지 못하는 상황에 이르렀다. 매슬로우 욕구이론의 6단계 중 3단계에 해당하는 소속감과 애정욕구를 추구했던 아내는 생리적 욕구가 채워지지 않는 상황(경제적, 성적으로 불능인 남편), 안전욕구가 채워지지 않는 상황(남편의 병원비 때문에 살고 있던 집을 팔고 점점 더 안 좋고 허름한 집으로 옮기게 되다가 결국엔 원치 않던 단칸셋방으로 옮김)을 견디지 못하고 결국 남편을 떠나게 된다.

그 이후 주인공의 소위 폐인 삶이 시작된다. 주인공은 아내가 돌아오기를 간절히 바라지만 아내는 돌아오지 않았고, 한 달이 넘는 기간 동안 쓰레기통을 뒤지며 생활을 연명한다. 그러다 이내 곧 '자살'이라는 극단적 선택에 이르게 되는데 이마저도 쉽게 성사되지 않는다. 하지만 주인공의 자살시도 사건의 서술에서 발견할 수 있는 흥미로운 점은, 주인공이 괴로운 현실에서 벗어나고 싶긴 하지만 자살을 선택할 견고한 의지는 드러나지 않는다는 점이다. 물론 차선책이 없는 '어쩔 수 없는 선택'에 의해 자살을 시도하긴 하지만 위의 본문 ⑤, ⑥처럼 포기하고 만다. 그런데 그 포기하는 이유가 '쥐새끼 한 마리의 빛나는 눈빛' '서러운 도시의 불빛' 등 주인공의 각박한 상황에 비해 다소 소소할 수도 있는 이유라는 점에서 주인공의 생리적 욕구(특히 생명에 관한)는 강하다는 것을 유추해 볼 수 있다. 자살을 선택하는 상황에서 다른 수준의 욕구는 거의 자극을 받지 못하지만 생명을 유지하고자 하는 생리적 욕구에는 비교적 강한 애착을 가지고 있다고 판단된다.

(2) **현재 살고 있는 환경**

다음은 소설의 내용 중 주인공의 의식세계 및 욕구단계를 유추해 볼 수 있는 대목이다. 현재 살고 있는 환경을 중심으로 구성하였다.

① 저 노인은, 어젯밤 서로 의자 하나씩을 차지하고 드러눕기 전에 잠깐 눈길이 마주쳤을 뿐.

② 영하 15도. 그래서 간밤에 그토록 추웠었구나. 바깥 기온이 그 정도라면 지하 플랫폼도 영하로 내려갔을 것이다. 얼어 죽지 않은 것이 다행이군.

③ 믿고 싶지 않지만 배가 고프다. 빈 것이 소리는 더 난다고 옆 사람이 무안해 할 정조로 요란스레 빈 창자 흔들리는 소리가 난다.

④ 몸이 가렵다. 스팀의 눅눅함이 뼛속까지 간지럼을 태운다. 간지럼이 너무 심해 머릿속이 몽롱하다. 고약한 냄새가 풍겨 온다. 된장국과 김치를 적당히 섞어 썩힌 듯한 냄새. 앞에 서있던 여자가 코를 막았다가 고개를 외면했다가 결국은 포기하고 가쁜 숨을 몰아쉬며 나를 째려 본다.

⑤ 그 후줄근한 자루 속에 가스라도 차 있다면 이렇게 배가 고프지는 않을거야.

⑥ 그대의 격렬한 애무에도 나는 내부의 뜨거운 충동을 밖으로 발산하지 못하는 몸인 것이다.

⑦ 어떤 유혹에도 응답할 수 없는 몸. 지금 이 순간 나는 다만 배가 고플 뿐이며, 배고픈 것보다 더 쓰라리게 머릿속을 훑어내는 아내와 딸의 모습이 허기질 뿐이다.

⑧ 바닥에 떨어진 핫도그. 내 마음이 자꾸 나를 일으켜 세워, 자꾸 손을 뻗어 그것을 주우라고 한다. 서있던 승객 한사람이 그것이 발에 걸리자 툭하고 구석 쪽으로 차버린다. 먼지투성이의 핫도그.

⑨ 나는 이리 채이고 저리 채여 먼지를 뭉쳐 놓은 것 같은 핫도그를 재빨리 신문 사이에 집어넣는다. 신문 위로 만져지는 두툼한 감촉만

으로도 허기가 절반쯤 달아나 버린다.

⑩ 이미 참을 수 없을 지경이 된 오줌이 찔끔찔끔 새어나와 두 달 동안 갈아입지 않은 속옷을 적시고 있다. 그러나 그것보다 핫도그를 빨리 먹어야겠다는 생각이 걸음을 재촉한다. 하지만 아무리 서둘러도 노인의 걸음보다 느리다. 특히 계단에서는 한 단 한 단 즈려밟듯 내려서야 한다. 조심을 해도 허리가 욱신거린다.

⑪ 오줌을 누면서 핫도그를 먹는다. 화장실 문을 걸어 잠그자마자, 바지를 끌어내리자마자 먼지를 대충 후후 불어 털고는 핫도그를 한 입 베어 물었다. 그 사이 오줌은 화장실 바닥 아무 데나 흘러 내리고 있었다. 그래, 흘러 내리는 것이다. 이미 발기 능력을 상실한 물컹한 살덩이는 소름이 돋아야 마땅한 참고 참은 방뇨에도 무감각하게 힘없이 축 늘어져 있는 것이다. 오줌 방울이 튀어 낡은 구두를 적시고 바짓가랑이를 적시지만 나의 신경은 온통 입 안에서 녹아 내리는 핫도그의 부드러운 맛에 쏠려 있다.

⑫ 한 뼘이 넘게 드러난 그의 허벅지와 무릎과 종아리를 나는 아무런 느낌 없이 쳐다본다. 느낌이 없다.

⑬ 나는 테러에 실패했다. 그러자 웃음이 터져 나왔다. 웃음으로 입 안에 고여 있던 핏물이 튀가 원을 그리고 모여 있던 사람들이 깜짝 놀라 물러선다. 나는 계속 웃는다. 웃는거야? 우는거야? 누군가가 중얼거린다. 아하하하, 나는 그렇게 웃고 으흐흐흑, 사람들은 그렇게 듣고 있나 보았다.

돈도 없고 집도 없는 주인공은 지하철 역사에서 생활한다. 주인공은 삶의 목적도 목표도 없다. 오직, 지금 당장 꼬르륵거리는 배를 채우고 나를 차로 치고 도망간 익명의 누군가에 대한 분노와 적개심 그리고 가족에 대한 회상 뿐이다.

앞서 분석한대로 주인공은 생리적 욕구를 채우는 데만 급급한 삶을 살고 있다. 그는 지하철에서 맞은편에 앉아있던 아이가 핥아먹다가 버린 그래서 땅바닥에서 이사람 저사람에게 차여 굴러다니던 핫도그를 계속 눈여겨본다. 그리고는 이내 화장실로 가서 그것을 맛있게 먹는다. 이런 주인공의 행동에서 안전욕구는 보이지 않는다. 위생관념이나 병으로 인한 신체적 위험으로부터 보호되고 안전해지기를 바라는 욕구가 없는 것이다. 또한 그는 오줌을 누면서 핫도그를 먹는 현상을 보이는데 이 또한 고픈 배를 채우기 위한 생리적욕구만을 중요시하는 주인공의 현 상황을 잘 드러내고 있다. 하지만 주인공은 생리적욕구 중에서 성적인 욕구를 갈망하지는 않는다. 이는 주인공이 교통사고 이후 성적기능이 불가능해짐으로 인해 발생하는 현상이다. 따라서 그는 위의 ⑥, ⑦, ⑫번처럼 아무런 성적 감흥도 느끼지 못한다. 그에게 생리적욕구를 강하게 자극하는 것은 '식'(허기채움) 뿐이라고 평가할 수 있다.

2) 내면적 평가
(1) 생각언어로 표출되는 주인공의 인식

다음은 소설의 내용 중 주인공의 의식세계 및 욕구단계를 유추해 볼 수 있는 대목이다. 생각언어와 속마음을 중심으로 구성하였다.

① 인간의 역겨운 비애. 체념과 분노의 시소를 타면서도 배가 고프다는 것. 나는 문득 나를 찌르고 싶어진다.
② 전동차가 강을 건널 때 아침 햇살이 사람들 머리 위로 적셔든다.

그들의 머리는 어떤 암시, 투사의 결의처럼 붉어진다.

③ 내 앞의 사내를 상상의 표적으로 삼아 본다. 신문을 보느라 얼굴이 가려진 그. 그의 복부에 칼을 꽂는다. 그러고 나서 시침을 떼고 코를 후비거나 눈곱을 뗀다.

④ (익명의 가해자에게) 칼을 맞은 사내는 도대체 무슨 일이 자기에게 일어났는가를 믿지 못하는 어리숙한 눈동자로 주위를 둘러보며 납득할 만한 단서를 찾으려 할 것이다. 그러나 주변의 모든 사람은 저마다의 일에 골몰해 있다. 이 순간 하품을 하거나 수다를 떨거나 무표정하게 팔짱을 끼고 있는 행동들조차 놀랍도록 진지해 보인다.

⑤ 나라는 몸, 이 도시의 우유부단함과 썩 잘 어울리는 놈. 그러면서도 동전의 양면 같은 이 도시의 또 다른 기질인 냉혹함과는 상종 못하는 반편. 나는 갑자기 내가 미워진다. 구차한 몸뚱이의 고통에 주눅 들린 비겁함을 본다.

⑥ 내일……. 그것이 얼마나 믿을 수 없는 단어인가를 그들은 아직 경험하지 못했으리라.

⑦ 명료한 의식은 지금의 내 행동을 납득하지 못한다. 누가 진짜 나란 말인가.

주인공의 의식세계를 나타낸 구절을 보면 특이한 점을 발견할 수 있는데 그것은 주인공이 구사하는 언어의 수준이 다소 높다는 것이다. 또한, 그는 적절한 은유를 사용하여 생각언어를 펼친다. 예를 들어 배가 고픈 상황을 '체념과 분노의 시소를 타면서도 배가 고프다'거나 전동차가 강을 건널 때 아침 햇살이 비치는 것을 '햇살이 사람들 위로 적셔든다.'라는 표현을 구사하고 있다. 하지만 안타까운 것은 그의 이런 언어적 재능이 빛을 발하지 못한다는 점이다. 그는 '체념과 분노의 시소를 타면서도 배가 고픈' 상황을 맞이하며 자신의 배를 찌르고 싶다고 마무리 했고, '사람들 머리 위로 적셔든 햇살'을 투사의 결의라 결론냈다. 인간이 구사하는 언어의 능력과 자질이 그가 처한 상황에 따라 어떻게 발현되는지 확인할 수 있는 대목이다.

또한, 위의 ③, ④번을 통해 주인공이 타인에 대해 공격적이고 배타적인 성향을 강하게 지니고 있다는 점을 알 수 있다. 자신이 이렇게 된 모든 상황에 대한 책임을 타인 전체 즉 불특정다수에게 전가함으로써 그는 모두를 공격의 대상으로 생각하는 것이다. 누구나 자신에게 피해를 준 사람을 잊을 수 없고, 힘들었던 상황을 잊을 수는 없겠지만 그 상황에서 빠져나와서 새로운 국면에서 그 사건을 바라보고 해결해야 진전이 있는 것인데 소설 속 주인공은 여전히 그 상황에서 헤어나지 못하고 있다. 그에게 지금 필요한 건 뺑소니 교통사고를 당한 그 당시의 상황에서 빨리 헤어나는 것이며, 예전의 행복했던 생활을 상기하는 것이다. 주인공의 의식 속에 미래는 존재하지 않고 현재는 배를 채우기 위한 방법과 타인을 짓밟기 위한 분노만 있을 뿐이며 과거는 뺑소니 사고를 당한 그 이후만 저장되어 있다. 뺑소니 사고를 당하기 전, 아내와 딸과 함께 행복한 생활을 영위하던 그 때의 기억을 상기하여 안전욕구, 소속감과 애정욕구를 깨워주는 것이 필요하다. 즉 그의 의식세계를 확장하도록 도와주는 역할이 필요하다.

(2) 주변 인물과 사회에 대한 주인공의 인식
다음은 소설의 내용 중 주인공의 의식세계 및 욕구단계를 유추해 볼 수 있는 대목이다. 주변 인물과 사회에 대한 주인공의 인식을 중심으로 구성하였다.

① 어떤 놈이 장난을 치는 거야? 승무원은 짜증을 내고 있을 것이다
② 첫차를 타야만 하는 고단한 인생들. 첫차를 타야만 하는 추운 인생
③ 아내와 딸을 제외한, 아니 어쩌면 그들까지도 포함한 모든 인간에게 나는 테러의 유혹을 받는다. 저 무수한 익명의 가해자들.
④ 망설일 이유는 없다. 눈을 감고 아무나 찌른대도 결과는 마찬가지인 것이다. 익명의 가해자인 동시에 피해자인 우리. 항변은 부질없고 도시라는 집단의 타성은 견고하다.
⑤ 눈에 보이는 것도 믿을 수 없는 이 도시에서 보이지 않는 것을 어찌 믿으란 말인가.

그는 타인과 사회에 대해 냉소적이고 부정적이다. 반사회성 성격장애의 경향을 보이기도 한다. 그는 지하철에서 마주치는 수많은 타인을 '무수한 익명의 가해자들'이라고 지칭하고 있다. 이는 자신을 제외한 모두가 뺑소니 사고의 범인일 수 있다는 지나친 환상으로 인해 생긴 현상이다. 실제로 그는 가슴에 큰 칼을 품고 다니는데, 비록 실패로 끝나기는 했으나 한 남성을 살해하려는 시도를 하게 된다. 여기서 주인공의 '안전욕구'를 발견할 수 있다. 주인공은 '자신을 보호하기 위해서' 타인을 잠정적 살해의 대상자로 여긴다. 그는 내가 먼저 제거하지 않으면 반드시 나는 다치거나 죽게 될 것이라는 생각을 가지고 있는데 신체적, 감정적인 위험으로부터 보호되고 안전해지기를 바라는 욕구를 가슴에 지닌 칼로 표현하고 있다. 앞에서도 생명에 대한 그의 집착이 표현된 부분이 있었는데, 사소한 이유로 자살을 포기하는 그의 행위에서 실제로는 '생명

을 끊고 싶지 않다.'라는 욕구를 발견할 수 있다.

그에게 가장 필요한 것은 '자신을 뺑소니 친 사람'과 '지하철에서 마주치는 불특정다수'들이 다르다는 것을 인식하게 하는 것이다. 이러한 타인에 대한 분리작업이 우선적으로 이루어지지 않는다면 주인공은 끊임없이 타인을 증오하고 가해자로 여기고 더 나아가서는 자신이 위험해지지 않기 위해 타인을 살해하는 상황으로까지 치달을 것이다.

4. 나오는 말

지금까지 소을석의 단편소설 「무한궤도」에 등장하는 주인공을 분석해 보았다. 매슬로우 욕구이론에 근거하여 인물을 분석한 결과 그는 생리적욕구 충족을 위해 사는 사람이었으며 안전욕구의 충족을 위해 반사회성 성향을 드러내기도 하였다. 즉 본 연구에서 살펴본 주인공은 두 세 가지 정도의 욕구 단계에 집중된 인물이었다. 그의 욕구 단계가 편향된 것은 주인공의 신분인 '노숙자'가 갖는 경제적·사회적 한계에서 오는 것일 수 있다.

소설 속에서 주인공의 삶은 안타깝게도 죽음으로 끝이 났다. 그의 죽음은 오롯이 개인의 잘못된 신념에서 비롯된 것이라 단정할 수 없다. 사회에 별 기여도가 없는 자의 죽임이니 본인과 아무상관 없다거나 오히려 잘 되었다는 평가 또한 경계해야 한다. 집도 절도 없이, 더욱이 생각도 의식도 없이 지하철에서 떠돌던 그의 개인사를 보면, 그는 '평범하고 행복한 삶을 영위하다가 단 한 번의 사고로 인해 인생이 바뀌었'는데, 갑작스런 사고와 그로 인한 인생 전환이 그에게만 일어나는 일은 아니기 때문이다. 또한 '언어표현에 빛나는 자질'이 있었다는 점, '사회현상을 철학적으로 분석'할 줄 알았다는 점에서 인간의 의식 수준과 욕구 단계가 갖는 상관성을 간과해서는 안 될 것이다.

| 주제어 | 매슬로우, 욕구이론, 무한궤도, 소을석, 인물 분석

참고문헌
소을석, 「무한궤도」, 『신춘문예 당선작품집 1993』, 예하, 1989.
Abraham H. maslow, 정태연·노현정 역, 『존재의 심리학』, 문예출판사, 2005.
_____ , 오혜경 역, 『동기와 성격』, 21세기북스, 2009.

　대학원에 입학해 글쓰기교육을 전공하면서 정신분석론이나 매슬로우 욕구이론, 상담심리 이론 등 그동안 문외한이던 심리학 이론들을 접하게 되었다.
　이 글은 심리학을 통해 문학작품을 보게 되고, 덕분에 새로운 분석과 비평의 시각으로 나를 확장할 수 있었던 과정이자 결과이다. 이러한 과정과 결과가 축적되어 석사 논문 주제를 정할 수 있었고, 그 결과 매슬로우 이론을 적용하여 자기성장을 위한 글쓰기 지도 방안을 고안해 석사 학위를 받을 수 있었다.
　학문 연구를 통해 자기 성장의 의미와 필요성, 욕구에 대해 이해하게 되었다. 특히 사람에게는 성장의 욕구를 충족시켜줄만한 동기가 필요하다는 것을 깨달았고, 이를 양육하고 있는 자녀와 가르치고 있는 학생들에게 적절하게 활용하려고 노력하고 있다.

성은주

전후 한국시에 나타난 자연과 병리학적 상상력

1. 들어가는 말

　전후 한국문학은 해방 공간의 혼란, 불안과 더불어 전쟁 체험에 따른 상흔을 동반한다. 전쟁은 육체적 손상, 심리적 상처, 죽음의 공포를 낳는데 이러한 시대의 폭력성과 불모성이 1950년대 문학에 깊이 반영되었다. 또한, 정신적 고통과 육체의 파괴, 물질적 빈궁을 경험하면서 비극적 사회 현실에 대한 인식이 발아했고 니힐리즘이나 실존주의 등이 전개되었다. 이에 따라 죽음과 상해의 잔혹함, 인간성 상실의 아픔, 절망적 시대 상황에서 발원한 인간 존재에 대한 근원적 탐색이 전후 한국시[01]에서 적극적으로 다뤄졌다. 1950년대 우리 시단에는 사회적 혼란[02] 속에서 좌절감과 패배 의식이 만연했으나, 이러한 사회적 혼란에 저항하기 위한 시적 의지의 새로운 모색을 보여주기도 하였다.

　1950년대 한국시는 한국전쟁이 진행되던 1950년~1953년의 전쟁기

---

01) 문혜원, 『한국 현대시와 모더니즘』, 신구문화사, 1996, 11쪽. 전후 한국시는 "6·25를 기점으로 해서 이후 4·19이전까지의 십여 년 정도를 지칭하는 개념"으로 본다.
02) 이 시대에는 이데올로기 대립으로 인한 남·북 분단의 아픔과 1960년대 4·19 혁명, 5·16 군사 정변 등 현실 사회의 격동과 시련이 확대되었다.

와 전쟁이 끝난 1953년 이후로 나눌 수 있다. 이러한 시대적 상황 속에서 우리 시단에는 다양한 문학적 시도들이 대두되었다. 그것은 전쟁 체험을 바탕으로 한 시, 전통주의 탐구, 순수시, 후기 모더니즘 시운동, 현실 참여 등의 시적 경향들[03]로 구성된다.

전쟁기에 많은 시인·작가들은 '문총구국대'를 조직했다. 그들은 종군작가가 되어 체계적으로 활동하면서 작품을 발표했다. 전쟁의 현장을 직접적으로 기술하거나 승전의식을 고취하기 위한 계몽성을 담고 있다. 남과 북은 삼팔선을 경계로 각기 다른 정치이념의 개별적인 목소리를 들려주게 된다. 이른바 분단시대의 문학[04]이 시작되었다.

전쟁 이후 다수의 문인들이 비참한 현실이나 사회 부조리, 불안의식 등을 작품에 담았다. 전쟁이 초래한 상처와 아픔이 개인의 내면 성찰로 이어지면서 결핍된 자아를 인식하고 부조리한 사회현실을 고발하게 되었다.[05] 한국전쟁 이전에 결성된 〈후반기〉 동인들의 움직임으로 모더니즘 운동이 더욱 활발하게 펼쳐지지만, 이념적인 문제가 과도하게 작용하여 창작의 자유가 통제[06]되기도 한다.

전쟁이 휩쓸고 간 비참한 현실은 하나의 폐허로 다가왔다. 실존을 위협받고 전쟁의 폐허 속에서 궁핍함과 어려움은 확대되어 허무, 절망, 좌절, 고독, 무기력감 등에 사로잡혔다. 전쟁 후 고통스런 기억의 잔상들

---

03) 김재홍, 『한국전쟁과 현대시의 응전력』, 평민서당, 1978.; 권영민, 『한국현대문학사(1945~1990)』, 민음사, 1993.; 이남호 외, 『1950년대의 시인들』, 나남, 1994.; 구인환 외, 『한국전후문학연구』, 삼지원, 1996.; 한국문학연구회 편, 『1950년대 남북한 시인연구』, 국학자료원, 1996.; 이지엽, 『한국전후시 연구』, 태학사, 1997.; 신기훈, 「1950년대 현실주의시의 대항담론 연구」, 경북대 박사학위논문, 2002 등 참조.
04) 윤정룡, 『전후시의 미로』, 호민, 2000, 10~13쪽 참조. 이광수, 김동환, 김억, 정지용, 김기림 등은 납북되고, 설정식, 이용악 등은 월북하였으며, 박남수, 이인석, 양명문 등은 월남한다.
05) 이진영, 「전후 한국 모더니즘 문학론」, 명지대 박사학위논문, 2001 참조.
06) 권경아, 「1950년대 한국 모더니즘 시의 근대성 연구-〈후반기〉동인을 중심으로」, 한양대 박사학위논문, 2011, 33~44쪽.

은 트라우마(trauma)로 작용한다. 트라우마는 재난, 전쟁, 사고와 같이 생명에 위협을 줄 만한 사건을 겪은 후 감당할 수 없는 충격으로 심화된 정신적 상처(외상)를 말한다.[07] 프로이트가 언급한 트라우마는 인간 심리에 내재한 근본적이고 구조적인 문제이지만 이것을 사회, 문화현상과 연결해 볼 수 있다. 역사이론가 라카프라는 정신분석학적 역사학에서 트라우마를 일으키는 요인을 '부재(absence)'와 '상실(loss)'로 구분하고 부재에 의한 트라우마를 '구조적 트라우마', 상실에 의한 것을 '역사적 트라우마'라고 했다.[08] '구조적 트라우마'는 모든 인간의 본질에 내재한 것으로 감정적 층위이고 '역사적 트라우마'는 전쟁과 같은 역사적 사건에서 겪는 상실에서 일어나는 특수한 것이다.

전후 한국시는 이와 같이 역사적 트라우마로 인한 폐허 위에서 다시 건설되었다. 이어령이 1957년 발표한 시론에 '화전민지대火田民地帶'라는 용어가 등장한다.

    엉겅퀴와 가시나무, 그리고 돌무더기가 있는 황료荒廖한 지평地平위에 우리는 섰다. 이 거센 지역을 찾아 우리는 참으로 많은 바람과 어둠속을 유랑流浪해 왔다. 저주받은 생애일랑 차라리 풍장風葬해 버리자던 뼈저린 절망을 기억한다. 손가락 마디마디와 발바닥에 흐르던 유혈流血의 피. 사지의 감각마저 통하지 않던 수난의 성장을 기억한다. 그러나 우리는 이대로 패배하기엔 너무나 많은 내일이 남아있다. 천치天癡와 같은 침묵을 깨치고 퇴색한 옥의獄衣를 벗어던지지 않고는 견딜 수 없는 유혹이 있다. 그것은 이 황야에 불을 지르고 기름지게 밭과 밭을 갈아야 하는 야생野生의 작업이다. 한 손으로 불어오는 바람을 막고, 또 한 손으로 모래의 사태沙汰를 멎게 하는 눈물의 투쟁이다.

---

07) Sigmund Freud, 박찬부 역, 『쾌락 원칙을 넘어서』, 열린책들, 1997, 16~18쪽.
08) LaCapra, Writing History, Writing Trauma, The Johns Hopkins University Press, 2001, p. 81.

그리하여 우리의 화전민火田民이었다. 우리들의 어린 곡물의 싹을 위하여 잡초와 불순물을 제거하는 그러한 불의 작업으로서 출발하는 화전민이다. 새 세대 문학인이 항거抗拒해야 할 정신이 바로 여기에 있다. 항거는 불의 작업으로서 신개지新開地를 개척하는 창조의 혼魂이다.

- 이어령, 「화전민지대火田民地帶」 부분 09)

화전민들은 새로운 터전을 개척하기 위해 기존에 자라고 있던 풀이나 나무를 불태우고 들판에 새로운 작물을 심는다. 전후에 등장한 일군의 시인은 화전민이 그러했듯이 전쟁으로 황폐해진 폐허와 혼란의 시대를 극복하고 "새 세대 문학인이 항거해야 할 정신"으로 새로운 희망을 품어야 함을 보여주었다. 문예지 창간과 복간을 통해 전후세대로 새롭게 등장한 문인들의 활동10)은 기존 문학 전통을 부정하고 철저한 단절을 단행한다.

전후 한국시의 경향은 대개 순수와 서정의 세계를 보여주는 '전통 서정파'와 시적 인식을 확대하려는 '언어 실험파'로 구분할 수 있다.11) 그러한 조건과 관련하여 폐허로 가득한 전후 현실에서 〈후반기〉동인들의 시적 지향은 전통적 서정의 이미지를 버리고, 인간의 내면의식을 시적 대상으로 삼았다. 〈후반기〉 동인들은 다양한 이미지를 결합시키거나 연상 작용을 통한 상상력으로 새로움을 시도했다.

본고는 이러한 시적 경향 속에서 전후 한국시의 모더니즘을 주도했던 〈후반기〉동인의 시를 대상으로 1950년대 한국전쟁 이후, 한국 현대시에

---

09) 이어령, 「화전민지대」, 『저항의 문학』, 예문관, 1965, 15쪽.
10) 이에 해당되는 시인으로는 전봉건, 김춘수, 신동집, 김수영, 송욱, 김규동, 이봉래, 조병화, 구상, 박인환, 이형기, 김구용, 이동주, 박재삼, 김종길 등이 있으며, 이봉래, 조향, 김경린, 박인환, 김규동, 김차영 등에 의해 구성된 〈후반기〉 동인은 기성의 문학, 질서, 권위를 부정하면서 구축되었다.
11) 권영민, 앞의 책, 139~142쪽.

나타난 자연의 양상을 폐허의식[12]과 관련하여 조망해볼 생각이다. 이에 따라 박인환, 김수영, 전봉건 등 전후 시인들의 작품에서 불모화된 자연과 그것에 내재된 병리학적 상상력[13]이 실존주의적 절망과 불안의식으로 어떻게 구현되고 있는지 밝혀보고자 한다.

2. 죽음에 대한 인식과 결핍의 자연 : 박인환

죽음은 삶에서 벗어날 수 없는 한 부분이며, 인간에게 삶과 죽음은 필연적으로 공존한다. 로마 시인 마닐리우스는 "태어나자마자 우리는 죽기 시작한다. 그 끝은 시작과 연결되어 있다."[14] 라고 말했다. 죽음은 삶의 마지막 순간이 아닌 생애 전반에 걸쳐 내포되어 있다. 죽음을 불안과 연결시켜 볼 수 있는데, 타인의 죽음으로 인한 반응은 인간 개인의 내적인 역동성에 영향을 준다. 불안은 신체적, 감정적, 인지적인 행동 양상으로 연결되어 두려움이 되기도 한다. 전쟁의 폐허는 죽음의 참혹함과 결합하여 극도의 스트레스, 충격, 공포 등 정신 병리 현상을 낳는다.

이러한 전쟁의 상흔을 허무와 절망의 이미지로 나타낸 시인이 박인환(1926~1956)이다. 박인환은 1946년 광복과 더불어 문학 활동을 시작

---

12) 고은, 『1950년대 : 그 폐허의 문학과 인간』, 향연, 2005, 479쪽.
   1950년대 폐허의식은 시인들에게 하나하나를 새로 창조해야 할 원초적 과제가 되었으며, 그러한 현실은 젊은 문학도들에게 창조정신을 자극한 계기가 되었다.
13) 본고에서 사용하는 '병리학적 상상력'은 일반적으로 '정신장애인이 일으키는 임상적 정신증세 또는 정신현상을 관찰하고 기술·분석하여 과학적 파악을 목적하는 정신의학의 한 분야'인 '정신병리학(psychopathology, 精神病理學)과 긴밀히 관련된 무의식적 상상력을 가리킨다. 정신병리학에 따르면 '정상과 이상의 구별은 명료한 것이 아니며, 또한 정신장애는 주관적 체험양식, 사회적 환경요인들과 밀접한 관련이 있기 때문에 환자에게 영향을 끼친 사회 속에서의 전체적 인간상을 파악하는 데에 중점을 둔다.' 따라서 본고에서 활용하는 '병리학적 상상력'은 박인환, 김수영, 전봉건 등의 전후 한국시에 등장하는 시적 주체들의 주관적 체험양식과 사회적 환경요인 사이의 상관성을 매개하고 전후 한국시의 시적 상상력을 파악하는 역할을 담당한다. 곧 여기에 적용된 '병리학적 상상력'의 실현 양상으로는 '트라우마(trauma)' 등으로 대변되는 프로이트의 정신분석학을 들 수 있다.
14) Marcus Manilius, cited in Montaigne, The Complete Essays of Montaigne, Stanford University Press, 1958, p. 65.

했다. 그러나 1955년 『선시집』을 펴낸 후 다음해 3월 심장마비로 타계했다. 30세의 나이에 요절한 박인환에 대한 평가는 모더니즘 계열 감상주의자 시인으로 평가 받았다. 그러나 그의 시세계를 새롭게 살피려는 연구가 시도되면서 현실인식[15]과 죽음의식[16]의 방향에서 집중적으로 연구되었다. 박인환의 현실인식은 전후 상황에 대한 허무의식에 바탕을 두었고, 죽음의식은 작품 속에 나타나는 구체적인 사물과 대상을 통해 제시되었다. 이와 같은 연구를 수용하고 더 나아가 시적 화자[17]의 발화를 통해 정신적 외상 후 스트레스 증상이 반영된 상상력을 상세하게 분석하여 밝혀보고자 한다. 정신병리학에서 외상 후 스트레스 장애(Post-Traumatic Stress Disorder, PTSD)[18]의 중심적 기제가 고통스러운 사물과 대상에 대한 회피이다. 박인환의 시에서 죽음에 대한 공포는 모든 것이 무너지고 사라져버린 상실의 이미지로 나타난다. 폐허의 공간에서 일상의 파괴는 불안한 현실을 상기시킨다.

---

15) 송기한, 「한국전후시와 시간의식」, 태학사, 1996.; 이재훈, 「박인환 시의 현실인식과 사상성 연구」, 「한국문예창작」 제6호, 한국문예창작학회, 2007.; 김은영, 「박인환의 시와 현실인식」, 글벗, 2010.; 김종호, 「박인환 시의 공간구조와 현실 인식」, 「인문과학연구」 제31호, 강원대, 2011.; 이기성, 「1950년대 모더니즘 시의 시간의식과 시쓰기」, 이화여대 박사학위논문, 2012.; 박슬기, 「박인환 시에서의 우울과 시간의식」, 「한국시학연구」 제33호, 한국시학회, 2012.; 오채운, 「박인환 시의 여성 이미지에 나타난 현실인식 연구」, 「인문과학연구」 제31집, 성신여대, 2013 등 참조.
16) 윤정룡, 「1950년대 한국 모더니즘 시 연구」, 서울대 박사학위논문, 1992.; 조영복, 「한국 현대시와 언어의 풍경」, 태학사, 1999.; 허금주, 「박인환 시에 나타난 죽음의식 연구」, 「한국언어문화」 제19호, 한양대, 2001.; 한명희, 「박인환 시의 정신분석적 접근-'죽음'과 '여성'의 문제」, 「어문학」 제18호, 한국어문학회, 2003 등 참조.
17) 본고의 '시적 화자'는 시에서 서술을 담당하는 서술자의 개념으로 사용하고, 시적 화자층인 '시적 주체'는 시의 정서를 주도하는 대상의 개념으로 사용한다. 또한 주체와 대비되는 용어로 사용된 '객체'는 사람이거나 사물일 수 있고, 이를 둘러싼 세계일 수도 있다는 개념으로 통칭하여 사용하고자 한다.
18) Judith Herman, 최현정 역, 「트라우마」, 플래닛, 2007. 207쪽.
충격적인 외상 사건을 경험한 후 그 후유증으로 발생하는 장애로 이 질환의 증상에는 불안과 우울이 포함된다. 이러한 외상에 대한 반응은 단일 장애의 범주로 분류하기보다는 연속적인 상태로 이해된다.

① 연기와 여자들 틈에 끼어/ 나는 무도회에 나갔다.// 밤이 새도록 나는 광란의 춤을 추었다./ 어떤 시체를 안고.// (……)새벽에 돌아가는 길 나는 내 친우가/ 전사戰死한 통지를 받았다.

─「무도회」부분

② 오늘의 폐허에서/ 우리는 또 다시 만날 수 있을까/ 1950년의 사절단.// 병든 배경의 바다에/국화가 피었다/ 폐쇄된 대학의 정원은/ 지금은 묘지/ 회화繪畵와 이성理性의 뒤에 오는 것/ 술 취한 수부水夫의 팔목에 끼어/ 파도처럼 밀려드는/ 불안한 최후의 회화會話

─「최후의 회화會話」부분

위에 인용한 두 편의 시는 주변 사람들의 갑작스런 죽음에 관련한 외상적 사건에 의한 반응이 구체적으로 드러난다. 전쟁이 휩쓸고 간 자리에는 비극적인 '허무'와 '절망'이 남는다. 특히 가족 혹은 지인이 죽거나 삶의 터전이 무너져 내리면 정신적 충격이 더욱 클 수밖에 없다. 자신이 죽을 수도 있다는 공포, 감정(정서)과 충동 조절의 극심한 변화가 온다. 이에 따라 위의 시 ①과 ②에는 참혹한 전쟁이 남긴 상처와 흔적을 동반한 자연으로 그려진다. '연기'와 '밤' 이미지는 심리적 괴로움을 주는 불안을 나타내고 있고, '바다'는 눈물과 연결되어 슬픔을 표현하고 있다. '국화'는 전쟁으로 인해 죽은 사람의 묘지를 상징한다. 이와 같은 자연물은 불안과 죽음의 이미지로 '불안 예기(angsterwartung)'의 증상[19]을 드러내 주고 있다. '친우'의 죽음이 있는 '병든 배경'은 시적 화

---

19) Sigmund Freud, 황보석 역, 『정신병리학의 문제들』, 열린책들, 1997, 15쪽.
프로이트는 '불안 예기(angsterwartung)'의 증상을 언급하면서 "보통 근심이라고 일컬어지는 모든 상태"의 범위를 넘어서 "잠재적인 자아에 의해 일종의 강박으로 인식될 때"를 말한다. 예를 들어 "불안 예기로 고통 받는 여자는 감기에 걸린 남편이 기침을 할 때마다 독감성 폐렴을 생각할 것이고, 그녀 마음의 눈에는 남편의 장례식이 보일 것이다. 또 외출했다 돌아왔을 때 문 앞에 사람들이 서 있는 것을 보게 되면 그녀는 자기의 아이가 창문에서 떨어졌다는 생각을 하게 될 것이며, 벨소리가 들리면 누군가 부고(訃告)를 가져왔다거나 하는 식으로 생각"하는 것이다.

자에게 불안을 억압하기 위한 방어기제(defense mechanism)[20]를 강요한다. "전쟁 때문에 나의 재산과 친우가 떠났다"(「잠을 이루지 못하는 밤」)는 현실의 불안은 전이, 승화, 전환 등 방어적 작용을 일으킨다. ①의 시적 화자는 앞이 보이지 않거나, 가려질 수 있는 '연기' 속에서 여자들과 함께 춤을 춘다. "밤이 새도록" 현실의 고통을 잊으려고 "광란의 춤을" 춘다. 그러나 죽음에 대한 불안은 결국 "어떤 시체를 안고" 있는 공포로 남는다. 또한, ②의 시적 주체는 전쟁의 충격적인 경험 안에 있는 "술 취한 수부의 팔목"에 매달려 죽음의 성향을 은닉하려 하며, 자기 위안과 합리화를 시도하기 위해 대상을 바꾸려는 욕망을 드러낸다. 그러나 시적 주체는 여전히 불안에 닿아있다. 이처럼 ①과 ②의 화자는 상실에 대한 슬픔으로 심리적 불안을 느끼고 그것에 대한 두려움에서 벗어나기 위한 대상을 찾는다. 외상 후 스트레스 장애의 진단 기준(DSM-Ⅳ)에 표기된 바와 같이 외상과 관련된 생각이나 느낌을 회피하려는 노력들, 또 외상을 회상하게 하는 행동이나 상황을 회피하려는 노력들이 있다는 것을 알 수 있다. 정신적으로 의존할 대상을 찾지만 그 대상들은 부재되거나 결핍된 객체로 나타나고 있다.

> 저 묘지 위에서 우는 사람은 누구입니까.// 저 파괴된 건물에서 나오는 사람은 누구입니까.// 검은 바다에서 연기처럼 꺼진 것은 무엇입니까.// 인간의 내부에서 사멸된 것은 무엇입니까.// 1년이 끝나고 그 다음에 시작되는 것은 무엇입니까.// 전쟁이 빼앗아간 나의 친우는 어데서 만날 수 있습니까.// 슬픔 대신에 나에게 죽음을 주시오.// 인간을 대신하여 세상

---

[20] 방어기제의 사전적 의미는 "자아가 위협받는 상황에서, 무의식적으로 자신을 속이거나 상황을 다르게 해석하여, 감정적 상처로부터 자신을 보호하는 심리 의식이나 행위를 가리키는 정신분석 용어"이다. 1894년 프로이트의 논문 「방어의 신경정신학」에서 처음 사용되었다. 방어기제의 종류는 주로 부정, 억압, 합리화, 투사, 승화 등의 방법이 일반적이다.

을 풍설風雪로 뒤덮어 주시오.// 건물과 창백한 묘지 있던 자리에// 꽃이 피지 않도록.// 하루의 1년의 전쟁의 처참한 추억은// 검은 신이여// 그것은 당신의 주제일 것입니다.

- 「검은 신神이여」 전문

위에 인용한 시는 전쟁의 폐허로 시인에게 치열한 현실인식을 불러일으킨다. 시적 화자는 반어적 물음과 권고로 현실의 참담한 폭력성을 담고 있다. 절대적 존재로 여겨지던 신은 이제 '검은 신' 또는 '불행한 신'의 이미지로 상기된다. 시인은 전쟁의 비극에 대한 물음을 신에게 묻는다. 그러나 세상에 대한 희망을 주는 신이 아닌, 폐허 상태에 있는 사람들에게 "처참한 추억"을 안겨주는 무능력한 초월자로 신을 내려놓게 된다. "묘지 위에서 우는 사람"은 생존의 죄책감으로, "파괴된 건물에서 나오는 사람"은 상실의 공포감으로 표현될 수 있다. 파괴된 도시에서 슬픔을 끌어안은 주체로 외상적 사건에 직접 연결된 존재이다. 이런 시적 주체가 바라보는 자연물은 격화된 이미지로 이어진다.

따라서 도시는 "연기처럼 꺼진" 이미지로 어둡고 암울한 "검은 바다"와 같다. 일반적으로 바다는 푸른 이미지를 보여준다. 그러나 바다가 검다는 병리학적 상상력은 전쟁으로 인해 모두 타버린 자연의 황폐함을 대변한다. "1년이 끝나고 그 다음에 시작되는" 계절의 감각이 결핍되고, 친구를 잃은 비애감으로 죽음을 달라고 한다. 누군가의 갑작스런 죽음은 큰 충격으로 다가온다. 그것이 병리학적 상상력으로 이어지는데, 자연 이미지의 변모에서 찾아 볼 수 있다. '눈雪'이 세상을 뒤덮고 있는 '심한 고난'에 비유되는 '풍설風雪'로 표현된다. 시적 아이러니 속에서 '꽃'은 더 이상 긍정적 자연 이미지로 등장하지 않는다. 생명력이 충만해 있는 것이 자연 세계인데, 여기서 꽃은 죽음이라는 은유의 성질을 갖게 된다. 시인의 상상력에서 이러한 이미지들은 프로이트가 정의한 불안 신경증의 '불안 예기'[21] 징후로 이끈다.

> 갈대만이 한없이 무성한 토지가/ 지금은 내 고향.// 산과 강물은 어느 날의 회화/ 피 묻은 전신주 위에/ 태극기 또는 작업모가 걸렸다.// 학교도 군청도 내 집도/ 무수한 포탄의 작렬과 함께/ 세상엔 없다.// 인간이 사라진 고독한 신의 토지/ 거기 나는 동상처럼 서 있었다./ 내 귓전엔 싸늘한 바람이 설레이고/ 그림자는 망령과도 같이 무섭다.// 어려서 그땐 확실히 평화로웠다./ 운동장을 뛰어다니며/ 미래와 살던 나와 내 동무들은/ 지금은 없고/ 연기 한 줄기 나지 않는다.// 황혼 속으로/ 감상 속으로/ 차는 달린다./ 가슴속에 흐느끼는 갈대의 소리/ 그것은 비창悲愴한 합창과도 같다.// 밝은 달빛/ 은하수와 토끼/ 고향은 어려서 노래 부르던/ 그것뿐이다.// 비 내리는 사경斜傾의 십자가와/ 아메리카 공병工兵이/ 나에게 손짓을 해 준다.
>
> ―「고향에 가서」 전문

이 시는 '고향'을 과거와 현재의 두 시점에서 다루고 있다. 시인은 어린 시절의 고향과 지금의 고향을 대조적으로 파악한다. 과거의 고향과 현재의 고향 사이에는 '전쟁'이라는 사건이 매개하고 있다. 전 8연으로 구성된 이 시에서 과거의 고향을 피력하는 대목은 5연과 7연이다. 과거의 고향은 자유와 평화, 희망과 꿈 등 긍정적인 기운이 충만한 공간이었다. 그에 반해 현재의 고향은 '피'와 '포탄'과 '망령'과 '비창' 등의 어휘에 잘 드러나듯이 전쟁이 초래한 허무와 절망의 분위기에 포위 되어 있다. 전쟁의 광풍이 휩쓸고 지나간 현재의 자연은 어떠한가. "산과

---

21) Sigmund Freud, 황보석 역, 앞의 책, 15쪽.

강물은 어느 날의 회화"에 불과하고 "갈대만이 한없이 무성한 토지"와 "인간이 사라진 고독한 신의 토지"가 남아있을 뿐이다. 박인환은 북한 군이 서울을 점령했을 때 지하에서 숨어 지내는 동안, 1950년 9월 28일 딸을 낳았다. 그 후 피난길을 가야했던 참담한 현실이 「어린 딸에게」의 작품에서도 잘 나타나 있다. 전쟁이 끝나고 서울에 돌아가도 자연물이 모두 폐허라서 "어데서 태어났는지도" 모른다는 허무와 고향을 알려줄 사람이 죽을 수도 있다는 비극적 현실이 반영되었다. 이러한 결핍과 부재의 시공時空으로서의 자연은 전쟁 체험 이후의 박인환 시를 규정할 수 있는 중요한 요소 중 하나가 될 수 있을 것이다.

박인환은 전후 현실 체험을 바탕으로 결핍된 자연을 제시하면서 '생존'과 '죽음'을 인식하고 시를 통해 형상화하려고 하였다. 시적 주체가 바라보는 자연물은 병리적 기제 중 하나인 '불안 예기'로 나타나고 있으며, 심리적으로 자신을 보호하기 위한 '방어기제'를 찾으려 한다. 일상이 파괴된 외상적 사건에 따라 그 시적 대상들은 현실의 냉혹함에 공포의 양상을 보여준다. 그의 시에서 무능력한 주체와 결핍된 대상에 수반되는 '허무'와 '절망'의 외상으로 표현되고 있음을 알 수 있다. 간접적인 죽음 체험은 작품에서 니힐리즘으로 연결되며, 부정적 현실은 시적 주체와 세계를 단절시킴으로써 결국 주체에게 절망감을 가져다준다. 다시 말해 박인환 시의 니힐리즘적 경향은 시적 자아의 허무함과 절망감을 다른 대상에 감정이입하여 자신의 내면을 자연적인 세계와 동일시한다.

3. 일상에 대한 인식과 비극적 자연 : 김수영

전후 모더니즘 시인들은 고독과 고통, 피해의식에 사로잡혀 있는 시적 주체를 보여준다. 이들에게는 전쟁이라는 거대한 폭력에 의한 충격이 남아있기 때문이다. 전쟁에서 잃은 친구와 지인들을 애도하다 보면 고독감을 느끼고 우울해지기 쉽다. 우울증으로 이어지는 경로는 다양한데, 전쟁으로 인한 상실 역시 이에 속한다. 우울은 지속적이고 해결되지 않은 스트레스 때문에 생겨난다. 그래서 우울이 외상적 스트레스와 연관된다. 전쟁이라는 외상 후 우울은 두려움, 불안, 무력감 등의 정서가 엉켜 있다. 우울은 긍정적 감정이 없는 것이고, 불안은 부정적 감정이 있는 것이다. 외상 후 우울이라는 용어는 사람들이 가끔 느끼는 정상적인 우울감이 아닌 정신과적 질환을 의미한다. 프로이트는 우울 상태와 정상적인 애도(mourning)를 비교했다.[22] 우울 상태는 자신의 한 부분이 상실되거나 손상됐다는 느낌이고, 정상적인 애도는 어떤 중요한 일로[23] 외부 세계가 축소됨을 경험한다. 정상적으로 슬퍼하는 사람들은 사별이나 상실 이후 한동안 심한 슬픔에 잠겨 있더라도 우울에 빠지지는 않는다. 우울과 애도 사이에 위치한 김수영(1921~1968)은 일제 강점기에 태어나 광복과 한국전쟁, 4·19와 5·16의 사회적, 정치적 혼란을 모두 겪었다. 1947년 『예술부락』에 「묘정廟庭의 노래」를 발표하면서 등단한 김수영은 대개 1960년대를 대표하는 시인으로 언급[24]되고 있다. 그러나 1947년에 등단하였기 때문에 1950년대와 연관 지어 전후 한국시에도 충분한 논의가 필요하다고 본다.

김수영 시에 대한 논의는 시인의 정서와 감성, 작품 속에 담긴 본질적

---

22) Sigmund Freud, 윤희기 역, 「슬픔과 우울증」, 『무의식에 관하여』, 열린책들, 1997, 248쪽.
23) Sigmund Freud, 윤희기 역, 앞의 책.
　사랑하는 사람의 상실, 혹은 사랑하는 사람의 자리에 대신 들어선 어떤 추상적인 것, 즉 조국, 자유, 어떤 이상 등의 상실에 대한 반응을 말한다.
24) 김종윤, 「태도의 시학」, 『현대문학의 연구』 제1집, 한국문학연구회, 1989, 126쪽.
　"김수영이 본격적으로 활동하던 1960년대는 진정한 모더니즘 시와 예술적 참여시가 요구되던 바로 그런 시기였다고 할 수 있다. 김수영의 시는 이러한 움직임에 적극적으로 대처하고 또한 이를 선도해왔다는 점에서 커다란 시사적 의의를 갖는다."

인 정신세계를 파악하고자 하는 움직임들,[25] 시의 형식이나 구조적 특성에 대해 분석하고 평가하려는 작업들,[26] 김수영의 문학 세계를 종합적이고 문학사적으로 평가하려는 논의들[27]로 크게 나눌 수 있다. 본고와 관련해서는 전쟁 체험과 관련된 김수영의 시에 보이는 자연물이 우울의 성향과 무력감의 형태로 구현되는 대목에 주목하고자 한다. 곧 시적 자아[28]가 일상 혹은 근대적 생활[29] 속에서 갈등하면서 불안한 균형을 찾아가는 과정을 병리적 측면에서 살펴보겠다.

어느 소설小說보다도 신기로운 나의 생활生活이며/ 모두 다 내던지고/ 점잖이 앉은 나의 나이와 나이가 준 나의 무게를 생각하면서/ 정말 속임없는 눈으로/ 지금 팽이가 도는 것을 본다/ 그러면 팽이가 까맣게 변하여 서서 있는 것이다/ 누구 집을 가 보아도 나 사는 곳보다는 여유餘裕가 있고/ 바쁘지도 않으니/ 마치 별세계別世界같이 보인다/ (……)/ 팽이가 돈

---

25) 김종윤, 「김수영 시 연구」, 연세대 박사학위논문, 1987.; 김혜순, 「김수영 시 연구—담론의 특성 연구」, 건국대 박사학위논문, 1993.; 박지영, 「김수영 시에 나타난 '자연'과 '몸'에 관한 사유」, 『민족문학사연구』 제20호, 민족문학사연구소, 2002.; 박주현, 「김수영 문학에 나타난 내면적 자유 연구」, 서울대 박사학위논문, 2003.; 이호연, 「김수영 시의식 연구」, 중부대 박사학위논문, 2013 등.

26) 이경희, 「김수영의 시의 언어학적 구조와 그 의미」, 『이화어문론집』 제8집, 이화여대 한국어문연구소, 1986.; 권오만, 「김수영 시의 기법론」, 『한양어문연구』 제13집, 한양대 한양어문연구회 1996.; 권혁웅, 「한국 현대시의 시작방법 연구」, 고려대 박사학위논문, 2000.; 황정산, 「김수영 시의 리듬—시행 엇붙임과 의미의 상호호환」, 『김수영』, 새미, 2003.; 여태천, 「김수영의 시와 언어」, 월인, 2005 등.

27) 김현승, 「김수영의 시사적 위치와 업적」, 『창작과 비평』 가을호, 창작과비평사, 1968.; 백낙청, 「역사적 인간과 시적 인간」, 『창작과 비평』 여름호, 창작과비평사, 1977.; 최두석, 「김수영의 시 세계」, 『인문학보』 제23호, 강릉대 인문과학연구소, 1997.; 강연호, 「김수영 시 연구」, 고려대 박사학위논문, 1995.; 오문석, 「김수영의 시론 연구」, 연세대 박사학위논문, 2002 등.

28) 김수영의 작품에 나타나는 시적 자아는 주로 상실감, 우울, 자괴감, 괴로움, 서러움, 비참 등의 감정을 표출하는 양상을 보인다. 구체적으로는 "다리 밑에 물이 마르고/나의 몸도 없어지고/나의 그림자도 달아"(「애정지둔」)나는 상실감, "자라나는 죽순 모양으로/부탁만이 늘어"(「부탁」)가는 우울, "하루에 한번씩 찾아오는/수치와 고민의 순간을 너에게 보이거나/들키거나 하기가 싫어서가"(「도취의 피안」) 아닌 자괴감, "가을바람에 늙어가는 거미처럼 몸이 까맣게"(「거미」) 타버린 괴로움, "너를 보는 설움은 피폐한 고향의 설움일지도"(「국립도서관」) 모르는 서러움, "날아간 제비와 같이 자국도 꿈도 없이/어디로인지 알 수 없으나/어디로이든 가야 할 반역의 정신"(「구름의 파수병」)인 비참 등으로 드러난다.

29) 이때 '생활'은 좁은 의미로 한정되지 않으며, 근대적 삶의 다양한 층위로 생존, 생계, 일상, 실존, 현실 등을 포괄하고 있다.

다/ 팽이가 돌면서 나를 울린다/ 제트기機 벽화壁畵 밑의 나보다 더 뚱뚱한 주인 앞에서/ 나는 결코 울어야 할 사람은 아니며/ 영원히 나 자신을 고쳐가야 할 운명運命과 사명使命에 놓여 있는 이 밤에/ 나는 한사코 방심放心조차 하여서는 아니 될 터인데/ 팽이는 나를 비웃는 듯이 돌고 있다/ 비행기 프로펠러보다는 팽이가 기억記憶이 멀고/ 강한 것보다는 약한 것이 더 많은 나의 착한 마음이기에/ 팽이는 지금 수천 년 전의 성인聖人과 같이/ 내 앞에서 돈다/ 생각하면 서러운 것인데/ 너도 나도 스스로 도는 힘을 위하여/ 공통된 그 무엇을 위하여 울어서는 아니 된다는 듯이/ 서서 돌고 있는 것인가

- 「달나라의 장난」 부분

1950년부터 1953년에 이르기까지 김수영은 의용군에 소집되어 전쟁에 참여하며, 탈출 및 수용소체험을 겪은 뒤 서울로 귀환한다. 그 후 처음으로 발표한 시가 「달나라의 장난」이다. 이 작품에는 김수영의 '생활' 인식이 구체적으로 반영된다. 곧 시적 주체는 '생활'에 내던져지고 그 무게에 대한 부담은 "팽이가 도는 것"처럼 살아가야 함을 나타낸다. 불온한 역사적 사건들과 관계된 폐허 속에서 그는 팽이가 도는 모습과 유사한 '생활'의 반복성에 의문을 던진다. 이것은 프로이트의 반복 강박(repetition compulsion)[30]으로 볼 수 있다. 반복 강박이란 특정한 동기를 실현하기 위해 일정한 행동이나 삶의 패턴을 반복하는 걸 말하며, 억압된 무의식에서 발생한다. 알면서도 멈출 수 없는 달나라의 장난처럼 고단한 삶의 비애를 반복 강박으로 나타낸다. 시적 주체가 살아가는 공

---

30) 반복강박은 프로이트가 손주의 "포르트-다" 게임을 지켜보면서 발견한 가설이다. 어느 날 그는 손주가 실패를 던졌다가 다시 끌어당기면서 보이면 "포르트," 사라지면 "다"라고 소리치는 모습을 본다. 그 아이는 시장에 간 어머니를 기다리면서 그런 게임을 되풀이한다. 이것은 유아가 어머니의 부재를 견디는 방식으로 우리가 삶을 견디는 방식과 유사하다. 프로이트는 1920년 「쾌락을 넘어서」에서 '반복강박'과 '죽음충동'이 연관되어있음을 보여주었다.

간은 전후 폐허 현실이 깊이 반영된 병리학적으로 우울한 공간이다. 이러한 공간에 놓인 자연물은 전쟁으로 인해 까맣게 변해 있다. 따라서 일상이 '팽이'를 통해 우울을 동반한 피로의 증상을 나타낸다. 우울은 죽음의 불가피성과 인간의 유한성, 비극적인 역사에 대한 애도 등에서 비롯된다. 우울증은 상실했던 대상으로 인해 자아의 상실로 이어질 수 있다.[31] 시인은 돌아가는 팽이를 보면서 "어느 소설小說보다도 신기로운 나의 생활生活이며/ 모두 다 내던지고/ 점잖이 앉은 나의 나이와 나이가 준 나의 무게를 생각하면서" 삶에 대해, 생활에 대해, 자연에 대해 '돌이켜 봄'을 실천한다. 자연이 순환하지 않는 것처럼 "팽이가 까맣게 변하여 서서 있는 것"은 폐허 상태에 놓인 자연의 비극성을 비유적으로 드러낸다. 팽이가 멈추듯 인간도 언젠가 죽음의 순간 정지할 것이다. 시인은 마치 아이가 팽이를 가지고 노는 것처럼 이 세계의 현실도 달나라의 장난처럼 돌아가고 있다고 생각한다. 그래서 "팽이가 돈다/ 팽이가 돌면서 나를 울린다"는 서술은 시적 자아의 반복 강박이 '슬픔'의 범주에 포섭되면서 이내 '우울'로 이행된다. 또한 "제트기機 벽화壁畵 밑의 나보다 더 뚱뚱한 주인 앞에서/ 나는 결코 울어야 할 사람은 아니"라는 사실을 상기시킨다. 시인은 이데올로기 싸움으로 남과 북이 나뉜 동족상잔의 비극과 "너도 나도 스스로 도는 힘을 위하여/ 공통된 그 무엇을 위하여 울어서는 아니 된다는 듯이" 어쩔 수 없이 실재하는 현실의 비극적 상징들과 대면하게 된다. 팽이가 돌듯, 자연은 살아 숨 쉬며 순환되어야

---

31) Julia Kristeva, 김인환 역, 『검은 태양-우울증과 멜랑콜리』, 동문선, 2004. 59쪽.
"이 기본적인 상실의 부정은 우리에게 기호의 세계를 열어주지만, 그러나 상의 슬픔은 자주 미완 상태에 있다. 상의 슬픔은 부정을 뒤엎고, 기호들을 그것들이 의미하는 중립성에서 끌어내면서 기호들의 기억에 자신을 상기시킨다. 상의 슬픔은 기호들을 정동으로 가득 차게 만드는데, 이것은 기호들을 양의적이고 반복적인 것으로 만들거나 아니면 단순히 자음 반복적인 것, 음악적인 것, 혹은 가끔 비상식적인 것이 되게 하는 효과를 갖는다."

한다. 다른 나라의 힘이 아닌 우리나라의 힘으로 국토를 지켜내기 위해 "스스로 도는 힘"이 필요하다고 시적 주체는 발화한다. 그의 시에서 비극적 현실을 회피하는 수단으로 '달나라 장난'이라는 환상을 지향하는 것이다.

　김수영은 일상 속에서 새로운 시적 전통을 찾기 위해 노력하였다. 자연물을 다룬 「폭포」의 시작 노트에서 "나의 시는 너무나 불우한 메타포의 단편들에 불과하다"[32] 라며 시의 일상성에 공감을 피력한 바 있다. 김수영에게 시는 일상처럼 "영원히 나 자신을 고쳐가야 할 운명運命과 사명使命에 놓여 있는" 것이다. 시의 화자가 일상에 붙잡혀 단순하게 반복하는 '생활'을 벗어나, 이젠 자연물과 조화롭고 편안함을 추구하는 '생활'의 필요성을 전달한다.

> 남의 집 마당에 와서 마음을 쉬다// 매일같이 마시는 술이며 모욕이며/ 보기 싫은 나의 얼굴이며/ 다 잊어버리고/ 돈 없는 나는 남의 집 마당에 와서/ 비로소 마음을 쉬다// 잣나무 전나무 집뽕나무 상나무/ 연못 흰 바위/ 이러한 것들이 나를 속이는가/ 어두운 그늘 밑에 드나드는 쥐새끼들// 마음을 쉬다는 것이 남에게도 나에게도/ 속임을 받는 일이라는 것을/ (쉰다는 것이 무엇이라는 것을 알면서)/ 쉬어야 하는 설움이여// 멀리서 산이 보이고/ 개울 대신 실가락처럼 먼지 나는/ 군용로가 보이는/ 고요한 마당 위에서/ 나는 나를 속이고 역사까지 속이고/ 구태여 낯익은 하늘을 보지 않고/ 구렁이같이 태연하게 앉아서/ 마음을 쉬다// 마당은 주인의 마음이 숨어 있지 않은 것처럼 안온安穩한데/ 나 역시 이 마당에 무슨 원한이 있겠느냐/ 비록 내가 자란 터전같이 호화로운/ 꿈을 꾸는 마당이라고 해서
>
> 　　　　　　　　　　　　　　　　　　　　　－「휴식」 전문

---

32) 김수영, 「시작 노우트2」, 『김수영 전집 2』, 민음사, 1981, 286쪽.

제목에 나타나듯이 이 시는 '권태감'이나 '피로'에서 벗어나 쉼을 얻고자 표현한다. 특이한 것은 시인이 굳이 "마음을 쉬다(쉰다)"라는 표현을 반복한다는 점이다. 심신心身이라는 말에서도 잘 알 수 있듯이 '몸'과 '마음'은 대개 긴밀한 의사소통을 이룬다는 점에서 "마음을 쉬다(쉰다)"라는 어구는 개성적인 종결어미로 작용된다. 독자들은 김수영이 제시하는 마음의 쉼이 '속임' 또는 '기만'과 긴밀히 관련된다는 사실을 확인할 필요가 있겠다. 우리는 이 작품에 등장하는 "남의 집 마당"의 "잣나무 전나무 집뽕나무 상나무/ 연못 흰 바위" 등의 자연이 시인에게 휴식을 제공할 것으로 예상하지만, 김수영은 오히려 "이러한 것들이 나를 속이는가"라는 어구를 제시한다. 이 시의 자연물은 휴식이나 치유의 목적을 수행하지 못하고, 멀리 산과 개울이 보여야 하지만 실가락 같은 "먼지 나는/ 군용로"를 보고 있다. 전후 현실 상황에 놓인 시적 화자에게 자연물은 속임이나 기만의 원인으로 지목되어 스트레스를 유발시킨다. 1955년에 발표한 이 작품에서 전후戰後의 일상과 그 비극성을 인식하는 매개로써의 자연은 시인의 정신에 내재한 '우울'이나 '무력감'을 심화시키고 있는 것이다.

이와 같이 김수영 시의 의식적 대상은 '일상'이라는 생활 속에 구체적인 이미지가 그려진다. 내면의 상징적 체계가 억압된 비극적 자연을 제시하고 있다. 이러한 자연물을 바라보는 시선의 흐름 속에 비극적 주체의 자리가 만들어진다. 불온한 역사 안에서 그는 우울 상태와 정상적인 애도 사이에 나타나는 체험들을 내면화하면서 이미지를 구현했다. 우울한 정조는 자생적이라기보다 역사적 현실 억압에서 시작되었다. 김수영의 시에서 피로와 권태에 지친 주체는 비극적 대상과 함께 '우울'과 '무력감'에 직면한 양상들로 표현된다. 이와 같은 내면화 작업이 자신을 현실에 참여하는 자아로 만들었다. 그것은 새로운 주체를 찾으려는 시간 의식과도 같다. 그가 지켜본 역사적 상황과 사건들이 작품에 무의식으로 드러나고 있지만, 대상에 대한 인식의 층위를 달리하여 보다 새로운 인식을 지향한다.

4. 고향에 대한 인식과 실존적 자연 : 전봉건

1950년 『문예』지에 서정주와 김영랑의 추천으로 시단에 등장한 전봉건(1928~1988)의 전쟁 체험 이전 시에는 서정적 자아와 자연의 관계가 화합 또는 융화되어 나타난다.[33] 그러나 전쟁 체험 이후의 시에는 자연이 피폐하거나 부재된 형태로 등장한다. 전봉건은 전후 체험의 시적 변주를 가장 많이 보여준 대표적인 시인이다. 전봉건 시에 대한 논의는 문학사적인 모더니스트 시인으로 분류하여 시를 쓰는 방법론이나 전후 현실에 대한 생명인식을 대상으로 연구되었다.[34] 전봉건의 이러한 연구 속에서 전후 현실 인식과 관련하여 구체적인 상징을 나타내고 있는데, 그 중 전쟁의 폐허 속에 버려진 실존적 이미지로 구현되는 자연에 주목하고자 한다.

전봉건은 전쟁의 상흔을 극복하기 위해, 현실의 부조리함과 참혹함 속에 무의미하게 던져진 시적 주체가 병리적으로 제시된다.[35] 「강江물이

---

33) 예를 들어 「한소절」이라는 작품에서 '나'와 '너'가 자연의 순수한 상태와 융화되어 서술된다. 또한 「원」에서는 삶의 평안함과 충만함이 '상냥한 손'과 '꽃피고 익은 젖가슴', 들, 하늘, 바다와 같은 그런 냄새의 입김과 같은 여성 이미지로 따뜻하게 표현되고 있다.
34) 이승훈, 「6·25 체험의 시적 극복」, 『문학사상』 8월호, 1988.; 이광호, 「폐허의 세계와 관능의 형식」, 『1950년대의 시인들』, 나남, 1994.; 송기한, 앞의 책.; 이소영, 「1950년대 모더니즘 시 연구 —박인환, 전봉건, 김수영을 중심으로」, 명지대 박사학위논문, 2003.; 손진은, 「1950년대 한국 전쟁에 대한 시적 대응양상 연구—국가주의 시선과 그 극복양상을 중심으로」, 『국제어문학』 제25호, 국제어문학회, 2012 등 참조.
35) "이월(二月)은 오고 삼월(三月)은 오고/무너진 다리에 사월(四月)은 오고/강(江)물은 흐르고//그리고/ 그것은/ 나의 눈시울에 따스한 그것은/눈물이었다//잃어진 것은 없었다(「강(江)물이 흐르는 너의 곁에서」)" 등의 언술에서 잘 드러난다.

흐르는 너의 곁에서」에서 전쟁으로 '무너진 다리'는 그 밑으로 흐르는 강물과 대비되면서 폐허 속에 놓인 공간을 만든다. 강물은 또 눈물과 연결되는데 이는 시적 주체의 의지와 무관하게 전쟁이 발발하여 큰 상처가 되었음을 강조해준다. 또한 작품 속에서 '잃어진 것'이 없다고 반복하면서 서정성을 회복하려는 의도를 시도하기도 하였다.

인간이 마음에 상처를 입으면 표면적으로는 표상 현상이 나타나고, 그 내면에는 슬픔, 분노 등의 정동 곧 내면적인 양상이 담긴다. 특히, 프롬은 자연과 사회적인 권력 앞에서 무력감을 느끼고 독립적이고 분리된 존재로 인식하게 된다[36]고 소외에 대해 언급했다. 인간은 융합된 관계에서 벗어나게 되면 공포와 무력감을 견디다가 실존적 소외에 직면한다. 하이데거는 이 상태를 황량한 공간에 '내던져짐(thrown-ness)'이라고 설명한다.[37] 또한 인간은 실존적 상황과의 접촉을 상실하면 소외와 공허를 자각하게 된다. 홀로 던져진 존재는 불안을 경험하면서 무의미의 층위에서 단독성을 획득하게 되는 것이다. 프로이트는 '내던져짐'에 대해 '공포'라는 용어보다 '불안'이라는 용어를 사용했다. 그는 이를 현실적 불안, 신경증적 불안, 그리고 도덕적 불안으로 구분하였다. 전봉건의 시에서 나타나는 불안은 현실적 불안으로 파악할 수 있다. 객관적 불안으로도 볼 수 있는데, 이것은 위험의 대상이 외부로부터 발생한다. 그로 인해 '소외'와 '무의미'의 공간에 '내던져짐'을 알 수 있다. 그러한 점은 아래의 시에서 확인이 가능하다.

> JET라는 활자와 학이라는 활자와 기러기라는 활자와 비둘기라는 활자를 나란히 놓는다. 아무래도 낯설지 않는 활자는 JET라는 활자 쪽이

---

36) E. Fromm, The Art of Loving, Bantam Books, 1956, p. 7.
37) Heidegger, Martin, Being and Time, Harper and Row, 1962, p. 233.

고 낯선 활자는 학이라는 활자와 기러기라는 활자와 비둘기라는 활자쪽이다. 낯설지 않은 활자 JET는 하늘에서 반짝반짝 빛나는 번식을 계속한다. F80……F84……F86이라는 이름의 JET들. 가까이에서 보면 눈부시게 찬란한 그것들은 모두 일광을 송두리째 반사하는 금속성이다.

   DDT라는 글자가 의미하는 것은 소독약 또는 이를 잡는 약이라는 것이다. 초연이라는 글자가 의미하는 것은 수많은 총포가 뿜어낸 연기라는 것이다. 지평이라는 글자가 의미하는 것은 땅의 끝이라는 것이다.(산 많은 고장에서는 산의 능선이 지평일 수밖에 없다)그런데 1950년대 초 땅 좁고 산 많은 한반도의 지평 즉 많은 산 산 산 산 산 산의 가파르거나 안 그렇거나 한 모든 능선에서는 DDT와 초연이라는 글자의 의미가 그리 서로 크게 다른 것이 아니었다. 하나는 소독약 또는 이를 잡는 약이라는 의미였고 다른 또 하나도 결국은 소독함 또는 이를 잡듯이 함이란 의미에 다름 아니었으니까. 거짓말이 아니다. 내 스물 세 살의 지평(산의 능선)을 덮은 초연은 마치 그 곳에 대량으로 살포된 DDT 같은 모양이었다. 영락없이 그런 판국이었다.

-「JET · DDT」전문

   인용된 시의 화자는 전쟁을 겪은 시적 주체로 전쟁의 폐허를 텅 비어 있는 감정의 절제된 어조로 제시한다. 이 시의 구도는 생명력의 존재 '학', '기러기', '비둘기'와 생명력을 파괴하는 존재 'JET'라는 금속성 물체와 대비된다. 또한 '이'와 'DDT'의 관계망도 그러하다. 전쟁은 생명력 있는 것들보다 생명력이 없는 것들을 친숙하게 만들었다. "하늘에서 반짝반짝 빛나는 번식"을 이루는 것은 생명력 있는 새들이 아니라 "F80……F84……F86이라는 이름의 JET들"이며, 이를 잡기 위해 살포하는 DDT라는 소독약 연기가 "이를 잡듯이" 사람에게 살포되는 화약의 연기와 중첩되면서 "스물 세 살의 지평"이 전쟁으로 실존의 의미를 잃어 가는 "영락없이 그런 판국"이 되어 가는 것이다. 그것은 전후 폐허의 상황을 표현해주고 있으며, 현실이 파괴적이고 메말라 있다는 것을 병리학적 상상력을 통해 알 수 있다. 전쟁의 연기는 '무의식적 기제'로 혼재混在되어 불안한 심리를 반영한다. 이렇듯 폐허에 서 있는 시적 자아의 의식은 불가항력적으로 왜곡된다. 강력한 힘이 명백히 피할 수 없는 것으로 나타날 때 개인과 사회는 무질서 속에서 정신적인 억압을 받는다. 현실이 붕괴되는 순간 지각 장치와 표상 장치는 영향을 받아 텅 비어 있는 방어기제 "무無"로 연결된다. 인간 상실과 상처는 인간 존재에 대한 의문을 가져다준다. 전쟁이라는 암울한 세계 속에 실존적 의미로써의 자연을 작품에 등장시킨다. 시의 내부에 존재하는 시적 대상을 시적 화자는 자연과의 교감을 통해 비극적 상흔을 극복하려고 제시되기도 한다.

전쟁이라는 역사적 트라우마를 치유하기 위해 전봉건은 박인환의 경우와는 달리 자연물인 '꽃'을 치유의 대상으로 삼는다. "나는 본다/ 오늘 무너진 다릿목에/ 우물가 나루터 논두렁에/ 그리고 길모퉁이에 나는 본다/ (……)/ 6월에 없었던 이파리들/ 돋아서 피어서/ 나풀거리"(「사랑을 위한 되풀이」)는 꽃으로 폐허 속에서 희망을 의식하게 된다. 외상 치유를 위해 견디기 힘든 정서 상태를 중지하여 견딜 수 있는 정서 상태를 만든다.[38] 우리는 불안을 언급할 때 직관적인 방식으로 감각을 활용한 이미지를 사용한다. 시각, 청각, 후각, 미각 그리고 신체 감각은 모두 외상의 재경험과 관련된다. 이런 이미지를 통한 정신적 도피는 외상에 대처하는 방식이라 볼 수 있다. 심리적 외상과 자기 자신을 분리시키기 위해 절망의 상황에서 성장한 편안한 이미지로 정서반응을 조절하게

---

38) Jon G. Allen, 권정혜 외, 『트라우마의 치유』, 학지사, 2010, 338쪽.

된다. 아래의 시는 외상에 대한 저항 의식의 변모양상을 살펴볼 수 있는 시편들 중에 한 작품이다.

> 허나/ 나는 하늘에서 내리는 비가 아니었고/ 그러니까 비에 젖는 흙도 아니었다.// 들에 날으는 것은 들새가 아니었다./ 강을 건넌 것은 물새가 아니었다./ 하늘에서 내리꽂히는 것은 매가 아니었다.// 언덕에 퍼덕인 것은 꿩이 아니었다./ 마을 어귀의 백년 묵은 홰나무 꼭대기에 터진/ 큰 번쩍임 그것은 번갯불이 아니었다.// 총탄이요 포탄이요 폭탄이었다./ 그해 6월은 짜도 짜도 피 먹은 걸레였다.// 가을이 와도 가을이 아니었다./ 숯검정이가 자욱한 하늘. 그 하늘엔 어느 구석에도/ 탐스런 목걸이로 걸리는 여문 머루알의 가지가 없었다./ 산도 산이 아니었다. 치솟은 숯검정이의 더미 그것이었다./ 더러는 시뻘겋게 타는 산이 있었으나 그것은 풍풍楓風이 아니었다./ 산을 숯검정이 하늘에 닿는 숯검정이 큰 더미로 만드는 불길이었다.// 총탄이요 포탄이요 폭탄이었다./ 그해 6월부터는 짜도 짜도 피 먹은 걸레였다.// 재가 내렸다./ 하늘에서는 재가 내렸다./ 재는 집을 덮고 길을 덮고 어린 아기 어머니의 젖꼭지도 덮고/ 또 그 아기의 고사리 같은 손도 덮었다./ 어찌하랴 동서남북의 지평은 죄다 탄막彈幕이었다./ 재만 내렸다./ 총탄이요 포탄이요 폭탄이었다./ 그해 6월부터는 짜도 짜도 피 먹은 걸레였다.// —그리하여/ 나는 새들의 날개깃도 적시며 하늘에서 내리는 비가 아니었고/ 그러니까 꿀벌의 꿀통과 함께 비에 젖는 흙도 아니었다.
>
> ― 「흙에 의한 시 세 편―2. 1950년」 전문

인용한 시는 총 3부작으로 되어있다. 전쟁 이미지를 담은 '꽃이 노래한다는 즐거움'과 아픔이 담긴 '1950년', 또 이를 극복하려는 '외기권의 항아리'와 같은 각각의 부제로 이루어진다. 이 시의 부제副題가 '1950년'이라는 사실에 주목하지 않을 수 없다. "총탄이요 포탄이요 폭탄이었다./ 그해 6월은 짜도 짜도 피 먹은 걸레였다."라는 어구에 잘 드러나듯이, 1950년 6월 25일 발발한 한국전쟁을 정면에서 다루고 있는 것이 이 작품이다. 전봉건은 억압된 전쟁현실 아래 자연물을 대상으로 연작시를 발표했다. 위 인용시 뿐만 아니라 '돌'의 연작에서는 자기 발견을 통해 치유를 이뤘고, '6·25'의 연작시에서는 역사적 증언이 담겨있다. 「흙에 의한 시 세 편—2. 1950년」에는 '자연'에 속하는 다양한 사물들, 가령 '들새'와 '물새'와 '매'와 '꿩' 등이 등장한다. 문제는 시인이 제시하는 들새, 물새, 매, 꿩 등의 사물이 진정한 자연에 속하지 않는다는 점이다. 그것들은 총탄이나 포탄 또는 폭탄이었다. 그해는 "가을이 와도 가을이 아니었"고 "산도 산이 아니었." 또한 "동서남북의 지평은 죄다 탄막彈幕이었"고 "짜도 짜도 피 먹은 걸레였다." 우리는 이 시에 등장하는 불모화된 자연에서 '소외'와 '무의미'의 상황을 체험하게 된다. 이는 전쟁이라는 절대적인 체험을 겪은 인간의 실존과 긴밀히 결속된다.

이렇듯 전봉건은 전쟁 체험에 대한 비극적 인식과 북을 고향으로 두고 실향민으로 살아가는 자기존재가 시적 의도에 구체화되어 있다. "날마다 꾸는 꿈마다 나는 이북의 고향집을 찾아"(「꿈길」)가는 '무의식', "오오/ 고향땅/ 굽이굽이 개울에"(「가서 보고 섞고 죽어 그리고 다시 태어나리」) 내 몸을 풀어 섞이겠다는 '욕망'이 언급된다. 그는 전쟁의 폐허 속에 버려진 '고향' 이미지로 실존적 자연의 의미를 다루었다. 그가 이야기하고 있는 시적 주체는 황량한 공간에 내던져진 상태에서 '소외'와 '무의미'를 경험한다. 하지만, 현실과 자아의 분열을 회복하려는 가능성을 엿볼 수 있다. 또한 전후의 폐허에서 발원하는 고통과 상처를 관능의 힘으로 극복하고 치유하려고 노력했다. 1950년대부터 시적 의도에 따라 전후 체험을 비판적으로 형상화 하다가 자의식을 극복하고 모성을 지향하는 관능으로 변모하였다. 그의 시 내면에는 새로운 자아를 찾기 위한 의식으로 사유하고 있다. 전후 현실 속 인간의 무력감은 삶에 대한 애착과 욕구로 변모하면서 병리학적 상상력이 생명력 있는 상상력으로 구축되어가는 과정에서 전후 시적 의미를 둘 수 있다.

5. 나오는 말

전후 시인에게 삶과 실존, 그리고 자연은 유기적으로 연결되어 있는 상관적 형태로 사유된다. 자연적 생활공간의 파괴는 인간 정서의 폐허의식과 함께 설명되듯이 인간과 자연은 내적으로 연결된 유기체적 통일체를 이루며, 우리의 현실 속에 크게 자리 잡고 있다.

본고는 1950년대 전후 한국시에 나타난 자연의 양상을 폐허의식과 관련하여 살펴봤다. 곧 전쟁 체험과 관련된 박인환, 김수영, 전봉건의 시에서 불모화된 자연과 그것에 내재된 병리학적 상상력이 어떻게 구현되고 있는지 고찰했다. 이때 자연은 감상이나 찬미의 대상이 아니라 시대의 폭력성이나 불모성과 유관한 대상이 된다. 시인들은 폐허와 동의어가 된 부정적 현실을 극복하기 위해서 서정성을 담은 '자연'보다는 결핍, 비극, 실존을 담은 '자연'에 경도하게 된 것이다. 바슐라르에 따르면 이미지는 상상력 속에서 역동적으로 움직이는 환경 안에 존재하는데, 이러한 이미지의 성질은 역동적 상상력에 의해서 변형된다. 따라서 참혹한 전쟁의 폐허는 일차적으로 트라우마의 대상이지만, 재생과 희망의 긍정적 속성을 내포한 '자연'을 지향하기도 한다.

박인환은 '생존'과 '죽음'의 흐름 속에서 결핍된 자연을 제시했다. 이는 병리적 기제 중 하나인 불안예기로 나타났다. 일상이 파괴됨에 따라 그 대상들은 공포의 양상을 보여주었다. 그의 시에서 무능력한 주체와 결핍된 대상은 '허무'와 '절망'을 담고 있었다. 김수영은 '일상'이라는 생활 속에서 비극적 자연을 제시했다. 이는 우울 상태와 정상적인 애도 사이에 나타나는 경험으로 구현되었다. 그의 시에서 피로와 권태에 지친 주체와 비극적 대상은 '우울'과 '무력감'을 내포했다. 전봉건은 '고향' 곧 전쟁의 폐허 속에 버려진 실존적 자연의 의미를 다루었다. 시적 주체는 황량한 공간에 내던져진 상태에서 '소외'와 '무의미'를 경험하지만, 현실과 자아의 분열을 회복하려는 가능성을 보였다. 또한 전후의 폐허에서 발원하는 고통과 상처를 관능의 힘으로 극복하고 치유하려고 노력했다.

박인환, 김수영, 전봉건 등 전후 시인들의 시에는 전쟁 체험을 겪은 후 두드러진 불모화된 자연이 은유적이거나 상징적인 기법으로 나타난다. 시인의 의식과 무의식은 상상력과 결합된 이미지에 투사된다. 억압된 현실과 분열된 자아로 인한 무의식적 욕구의 환기, 전이가 자연 이미지에 고스란히 드러나 있다. 전쟁으로 파괴된 자연, 폐허로 가득한 자연은 전후 시인들의 상상력을 자극했고 이는 병리학적인 관점에서 심화되고 확장되었다.

본고에서 논의한 박인환, 김수영, 전봉건은 전후 모더니즘 계열을 대표하는 〈후반기〉 동인의 일원으로서 그들은 기성의 문학, 질서, 권위 등을 철저히 부정하였다. 한국전쟁 이후 경험한 폐허의 현실 곧 불안한 사회·정치적 현실은 그들에게 실존에 관한 고민을 촉구했고 이는 병리학적 상상력의 양상으로 개진되었다. 이는 추후 단절과 부정의 정신으로 개화된 그들의 새로운 시 세계 구축의 밑거름이 되었다고 평가할 수 있겠다.

|주제어| 박인환, 김수영, 전봉건, 전후 한국시, 전쟁체험, 자연 이미지, 병리학적 상상력, 후반기, 폐허의식

참고문헌

박인환, 맹문재 엮음, 『박인환 전집』, 실천문학, 2008.
김수영, 『김수영 전집 1 시』, 민음사, 2011.
김수영, 『김수영 전집 2 산문』, 민음사, 1981.
전봉건, 남진우 엮음, 『전봉건 시전집』, 문학동네, 2008.
강연호, 「김수영 시 연구」, 고려대 박사학위논문, 1995.
고 은, 『1950년대 : 그 폐허의 문학과 인간』, 향연, 2005.
구인환 외, 『한국전후문학연구』, 삼지원, 1996.
권경아, 「1950년대 한국 모더니즘 시의 근대성 연구-〈후반기〉동인을 중심으로」, 한양대 박사학위논문, 2011.
권영민, 『한국현대문학사(1945~1990)』, 민음사, 1993.
권오만, 「김수영 시의 기법론」, 『한양어문연구』 제13집, 한양대 한양어문연구회 1996.
권혁웅, 「한국 현대시의 시작방법 연구」, 고려대 박사학위논문, 2000.
김은영, 『박인환의 시와 현실인식』, 글벗, 2010.
김재홍, 『한국전쟁과 현대시의 응전력』, 평민서당, 1978.
김종윤, 「김수영 시 연구」, 연세대학교 박사학위논문, 1987.
김종윤, 「태도의 시학」, 『현대문학의 연구』 제1집, 한국문학연구회, 1989.
김종호, 「박인환 시의 공간구조와 현실 인식」, 『인문과학연구』 제31호, 강원대, 2011.
김현승, 「김수영의 시사적 위치와 업적」, 『창작과 비평』 가을호, 창작과비평사, 1968.
김혜순, 「김수영 시 연구-담론의 특성 연구」, 건국대 박사학위논문, 1993.
문혜원, 『한국 현대시와 모더니즘』, 신구문화사, 1996.
박슬기, 「박인환 시에서의 우울과 시간의식」, 『한국시학연구』 제33호, 한국시학회, 2012.
박주현, 「김수영 문학에 나타난 내면적 자유 연구」, 서울대 박사학위논문, 2003.
박지영, 「김수영 시에 나타난 '자연'과 '몸'에 관한 사유」, 『민족문학사연구』 제20호, 민족문학사연구소, 2002.
백낙청, 「역사적 인간과 시적 인간」, 『창작과 비평』 여름호, 창작과비평사, 1977.
손진은, 「1950년대 한국 전쟁에 대한 시적 대응양상 연구-국가주의 시선과 그 극복양상을 중심으로」, 『국제어문학』 제25호, 국제어문학회, 2012.
송기한, 『한국전후시와 시간의식』, 태학사, 1996.
신기훈, 「1950년대 현실주의시의 대항담론 연구」, 경북대 박사학위논문, 2002.
여태천, 『김수영의 시와 언어』, 월인, 2005.
오문석, 「김수영의 시론 연구」, 연세대 박사학위논문, 2002.
오채운, 「박인환 시의 여성 이미지에 나타난 현실인식 연구」, 『인문과학연구』 제31집, 성신여대, 2013.
윤정룡, 「1950년대 한국 모더니즘 시 연구」, 서울대 박사학위논문, 1992.
윤정룡, 『전후시의 미로』, 호민, 2000.
이경희, 「김수영의 시의 언어학적 구조와 그 의미」, 『이화어문론집』 제8집, 이화여대 한국어문연구소, 1986.
이기성, 「1950년대 모더니즘 시의 시간의식과 시쓰기」, 이화여대 박사학위논문, 2012.
이남호 외, 『1950년대의 시인들』, 나남, 1994.
이소훈, 「1950년대 모더니즘 시 연구 -박인환, 전봉건, 김수영을 중심으로」, 명지대 박사학위논문, 2003.
이승훈, 「6·25 체험의 시적 극복」, 『문학사상』 8월호, 1988.
이어령, 「화전민지대」, 『저항의 문학』, 예문관, 1965.
이재훈, 「박인환 시의 현실인식과 사상성 연구」, 『한국문예창작』 제6호, 한국문예창작학회, 2007.
이지엽, 『한국전후시 연구』, 태학사, 1997.
이진영, 「전후 한국 모더니즘 문학론」, 명지대 박사학위논문, 2001.
이호연, 「김수영 시의식 연구」, 중부대 박사학위논문, 2013
조영복, 『한국 현대시와 언어의 풍경』, 태학사, 1999.
최두석, 「김수영의 시 세계」, 『인문학보』 제23호, 강릉대 인문과학연구소, 1997.

한국문학연구회 편, 『1950년대 남북한 시인연구』, 국학자료원, 1996.
한명희, 「박인환 시의 정신분석적 접근—'죽음'과 '여성'의 문제」, 『어문학』 제18호, 한국어문학회, 2003.
허금주, 「박인환 시에 나타난 죽음의식 연구」, 『한국언어문화』 제19호, 한양대, 2001.
황정산, 「김수영 시의 리듬—시행 엇붙임과 의미의 상호호환」, 『김수영』, 새미, 2003.
Sigmund Freud, 윤희기 역, 「슬픔과 우울증」, 『무의식에 관하여』, 열린책들, 1997.
Sigmund Freud, 황보석 역, 『정신병리학의 문제들』, 열린책들, 1997.
Sigmund Freud, 박찬부 역, 『쾌락 원칙을 넘어서』, 열린책들, 1997.
Jon G. Allen, 권정혜 외, 『트라우마의 치유』, 학지사, 2010.
Judith Herman, 최현정 역, 『트라우마』, 플래닛, 2007.
Julia Kristeva, 김인환 역, 『검은 태양—우울증과 멜랑콜리』, 동문선, 2004.
E. Fromm, The Art of Loving, Bantam Books, 1956.
Heidegger, Martin, Being and Time, Harper and Row, 1962.
LaCapra, Writing History, Writing Trauma, The Johns Hopkins University Press, 2001.
Montaigne, The Complete Essays of Montaigne, Stanford University Press, 1958.
R. S. Parker, Poetry as Therapeutic Art, Indianapolis, IN: Leedy, 1969.

　　이 논문은 자아초월 심리학에 대한 수업을 들은 후 무의식과 의식적 체계와의 관계적 원리를 직접 적용해 전개한 논문이다. 2013년 4월 한국문예창작학회 정기학술세미나에서 발표하였고, 논문으로 재구성하여 2013년 12월 한국문예창작학회에서 발간하는 『한국문예창작』 제29집에 수록하였다. 이 논문을 계기로 현대시에 나타난 인간 의식 현상을 이해하고, 역사적 트라우마로 인해 불모화된 자연이 병리학적 상상력으로 어떻게 구현되고 있는지 고찰할 수 있었다. 심층심리학과 분석심리학을 글쓰기에 적용하여 현대시 창작 방법을 연구하면서 보다 폭 넓은 관점으로 해석하고 체계적 이론을 형성하는데 도움을 받았다.

> 이명미

글쓰기 상담을 통한 인지·정서·행동 변화
– 야스마로의 셀프 카운슬링 기법을 중심으로

1. 들어가는 말

　심리상담은 인지·정서·행동에서 나타나는 사고의 장애나 정서적 고통과 불편함 그리고 행동의 부적절성 등과 같은 무능력이나 기능 장애를 개선시키는 것에 목적을 두고 있다. 즉 기존과 다른 생각·감정·행동을 하게 함으로써 자기 개념을 변화시키는 것은 물론 타인에 대한 감정과 행동이 변화되어 행복한 삶을 살아갈 수 있도록 해야 한다.

　인지·정서·행동의 세 영역 중에서 어느 것에 우선순위를 두어야 하는가는 상당히 어려운 부분이다. 인지는 인간만이 가지고 있는 특성으로 간주되며 대부분의 심리치료에서 중요하게 생각하는 부분이다. "생각이 변하면 행동이 바뀌고 행동이 바뀌면 삶이 바뀐다"라는 말은 결국 인지가 인간 삶을 변화시킬 수 있을 만큼 중요하다는 것을 강조한다. 상황에 대한 인지적 판단 능력이 우리 삶에 있어 긍정적 기능을 하도록 하기 위해 심리 영역에서 인지에 중점을 둔다고 볼 수 있다.

　인간 문제에 대해 행동 수정을 통해서 접근하고자 하는 사람들은 행동을 학습하는 것으로 본다. 즉 환경적 조건이 마음에 영향을 주므로 행동을 변화시키면 마음도 바꿀 수 있고 나아가 생각까지도 바꿀 수 있다고 하며 행동 변화를 가져오는 다양한 접근법을 시도하고 있다.

정서 역시 인간 심리에 있어 매우 중요한 부분이다. 지적인 통찰력에 비해 정서적 통찰력은 그 지속성이 더욱 강하다. 그러므로 근본적인 두려움·불안·우울과 같은 부정적 정서 상태를 변화시켜 긍정적으로 기능 할 수 있도록 하는 것이 우선 되어야 한다. 정서는 인지와 행동과는 달라 조작하기가 쉽지 않고 표현이 구체적이지 않아 연구에 어려운 면이 있다. 그래서 인지적 사고능력과 행동으로 표출된 것을 통해 간접적으로 정서를 읽어내는 방향으로 접근해야 한다. 이러한 어려움에도 불구하고 정서 작용이 인지와 행동 변화를 주도하므로 정서를 파악하고 변화를 읽어내는 것은 매우 중요하다.

인지·정서·행동의 중요성을 논하는 과정에서 더욱 확고해지는 것은 이 세 가지의 심리적 과정이 각각 분리되어 존재하는 것이 아니라 서로 "상호작용하는 속에서 영향을 끼친다"[01]는 것이다.

모든 심리 상담이 지향하는 하나의 궁극적인 일반적 경로는 인생을 보는 새로운 방식의 변화이며 이것은 자기와 타인에 대한 재평가를 통해서 이루어진다. 이러한 재평가가 객관적이고 올바름을 추구하기 위해서는 하나의 영역에 집중하기 보다는 세 가지 과정의 통합을 통해서 변화를 추구해야 한다. 최근 심리 상담에서는 각 이론의 중요성을 인정하되 모든 영역의 전체적인 통합을 추구하고 있다.

따라서 우리가 겪고 있는 생각과 감정 그리고 행동을 자세히 들여다보고 파악하려는 노력이 요구된다. 이러한 노력은 자신에게 또는 타인에게 정직한 삶을 살도록 하고 성숙한 인간으로 거듭나 올바른 자아로 나아

---

01) 박경애, 『인지·정서·행동치료』, 학지사, 1998, 11쪽.

가기 위한 일환으로 우리 삶에 반드시 필요한 부분이다.

2. 글쓰기 상담과 셀프 카운슬링

일반적으로 상담하면 상담자와 내담자가 서로 말하고 듣는 '대화상담'을 떠올린다. 그러나 대화상담은 상담자와 내담자의 관계형성에 따라 상담의 내용이 달라질 수 있다는 한계점을 가지고 있다. 타인과의 관계 형성에 어려움을 겪고 있는 내담자가 자신의 문제를 드러내는 것은 쉽지 않은 일이다. 인간관계에 있어서는 이성보다 감성(공감)이 더 지배적일 수 있으므로 상담자와 내담자의 내적 관계 형성이 제대로 이루어지지 않는다면 문제해결이 어려워진다. 상담자가 경청과 공감을 하지 않는다면 내담자는 스스로 문제를 확대·축소하려 하므로 제대로 된 상담이 이루지지 않을 가능성"[02]이 있다. 또한 대화 상담은 화자와 청자 간에 대화를 통해 이루어지는 전반적인 과정에서 내담자가 상담자에게 의존하는 성향이 매우 강하다. 이것은 객관적으로 문제를 재발견하는 것을 어렵게 한다.

글쓰기는 대화 상담에서 상담자가 개입함으로써 발생할 수 있는 문제를 해결할 수 있다. 글쓰기는 타인의 개입을 최소화 하고 자기 스스로 쓰는 과정으로 진행된다. 이는 단순히 단어를 연결하여 문장을 엮어 나가는 행위에서 벗어나 자신이 체험하고 상상하고 사유하는 것을 통해 나를 진솔하게 표현하고 더 나아가 스스로 설득하는 힘을 가지고 있다.

또한 글쓰기는 '나'에 대해서 뿐만이 아니라 '나'가 겪은 경험이나 사건들을 이해하게 도와준다. 나에 대한 이해를 통해 세계를 이해하고 삶

---

02) 와타나베 야스마로, 황임란 역, 『교사를 위한 셀프 카운슬링』, 우리교육, 2002, 역자서문 내용 참조.

의 과업을 완성함으로써 인간을 행복하게 한다.[03] 인간은 본성적으로 의미를 추구하며 자신과 타인 그리고 세상에 대한 평가를 하려는 욕구를 가지고 있다. 이에 대해 긍정적 평가를 하고 의미를 찾는데 언어와 상징들을 사용하는 것은 치료에 많은 도움이 될 것이다. 그러므로 글쓰기는 자기 치료를 유도하기에 적절한 전략으로 활용할 수 있다.

특히 글쓰기가 지니고 있는 '특별한 치료적 기능'은 자신의 문제를 스스로 해결한다는 것이다. 장소의 상황이나 상대방의 반응에 좌우되지 않고 자신이 쓴 내용을 몇 번씩 되풀이해서 읽고 고쳐서 제대로 반성하고 음미할 수 있다. 또한 거리를 두고 자신의 내면을 바라보기에 적합하여 자신에 대해 객관적으로 바라보게 되며 결국 스스로를 변화시키려는 주체적인 자세로 바뀔 수 있다. 이렇게 자신의 문제를 재발견하고 해결하는 습관이 형성되는 글쓰기는 셀프 카운슬링의 방법으로 매우 적절하다고 볼 수 있다.

페니베이커(Pennebaker)는 1980년 중반 50여명의 학생들을 대상으로 글쓰기의 효과를 입증하는 실험을 시행했다. 이 실험에서 그는 정서적 표현의 글쓰기를 통해 자신의 감정을 털어놓은 학생들이 의사를 방문한 횟수가 평소보다 반으로 줄어든 결과를 파악할 수 있었다. 심리적인 변화로는 심리적 외상을 주제로 글을 쓴 직후에는 기분이 더 나빠지거나 슬퍼지지만 시간이 흐르면 글쓰기 전보다 행복하고 부정적 감정을 덜 느끼는 것으로 나타났다. 또한 표현적 글쓰기가 기억체계의 흐름을 지배하는 '작동기억'을 상승시켜 삶 전반의 문제들을 처리할 수 있도록 도와주고 사회적 삶의 질을 향상시켰다.[04] 나아가 글쓰기는 분노를 조

---

03) 정기철, 『지성인을 위한 글쓰기』, 역락, 2012, 14~16쪽 참조.
04) James W. Penebeker, 이봉희 역, 『글쓰기 치료』, 학지사, 2007, 30~31쪽 참조.

절할 수 있는 능력을 생성할 수 있도록 하여 대인관계 향상에 도움을 주었으며 "너그럽고 수용적인 인격체"[05]로 변화될 수 있도록 한다.

인간은 근본적으로 자기를 추구하려는 본능적 충동을 가지고 있다. 융(Jung)은 자기(self)의 개념을 자아와 구별되는 것으로 "의식과 무의식을 포함하는 전체의 중심"[06]이라고 하였다. 인지적인 입장에서는 내가 나 자신을 표상하고 그것을 개념화한 것으로 이러한 개념과 개념이 논리적으로 연결된 하나의 체계 속에서 자기(self)를 해석한다.

인간의 삶은 예기치 않은 문제 상황이 발생할 수 있다. 우리는 이러한 문제에 대해 직면하기도 하고 때로는 회피하기도 하면서 원인을 자신의 내부에서 찾기 보다는 상황이나 타인에게서 찾는 경우가 많다. 하지만 이렇게 타자화시키는 것은 문제 해결을 요원하게 만든다. 그러므로 인간행동에 영향을 미치는 상황이나 타자와 같은 외적요인과 함께 자기이해 또는 자기통찰과 같은 내적 요인의 통합이 필요하다.

이러한 이해와 통찰에 도달하기 위해서는 일차적으로 자기를 의식하는 과정이 이루어져야 한다. 인간이 생각한다는 것은 곧 의식한다는 것이고 무엇이든 의식하고 생각할 때 자기의식이 동시에 들어 있게 되며 자기를 완전히 떠나서 무엇을 생각한다는 것은 어려운 것이다. 자기의식이라는 말에는 타자와 비교하는 가운데 자기의 특이성을 감지하면서 긍정적이든 부정적이든 자기 평가를 곁들인 가치의식이 포함된다.

게슈탈트 심리치료에서는 문제에 대한 자기자각의 필요성을 강조하면서 행위자와 관찰자로서의 역할이 우리 안에서 분열이 될 줄 알아야 이러한 자각이 가능하다고 주장한다. 우리는 분열이 이루어졌을 때 자신

---

05) 위의 책, 33쪽.
06) 이부영, 『분석심리학 - C. G. Jung의 인간심성론』, 일조각, 2007, 13쪽.

을 객관적으로 바라보게 된다. 즉 분열은 자신을 객관화하는 과정이며 객관적이라는 것은 가장 훌륭한 의미의 주관적이라는 역설적 의미를 내포하므로 주관이 객관화 될 수 있도록 노력해야 한다.

다음으로 인간 본성에 대한 근본적인 이해가 이루어져야 한다. 인간은 끊임없이 변화하는 유기체이며 기능적인 자율성과 자기 결정력이 있다. 따라서 자신이 지니고 있는 고유의 본성 또한 변화할 수 있으며 더 나아가 행동을 조절하고 통제할 수 있는 능력이 있다는 것을 전제하고 끊임없는 자기 발견의 노력을 해야 한다.

이러한 문제를 해결하기 위해 자신이 어떠한 비합리적 신념을 가지고 있고 그것이 정서와 행동 전반에 어떠한 영향을 끼치고 있는지에 대해서 스스로 객관화 할 수 있어야 한다. 그러기 위해서는 자신의 기준으로부터 물러나 상대와 자신과의 관계를 되도록 구체적으로 인식할 수 있도록 하는 글쓰기가 필요하다.

셀프 카운슬링의 필요성은 환경적·심리적 요인에서 찾을 수 있다. 상담이 우리에게 익숙한 용어가 되었음에도 불구하고 실제로 전문 상담가를 찾는 것은 쉽지 않다. 그 이유는 내담자의 문제를 단기간에 조력해 줄 수 있는 전문적 상담가나 기관이 부족하고 상담을 받는 데 있어 내담자가 부담해야 하는 시간적·경제적인 부담이 크기 때문이다. 또한 자신의 삶을 타인에게 드러내고 싶지 않은 심리작용으로 인해 도움을 요청하는 것에 익숙하지 않은 문화 현상도 셀프 카운슬링의 필요성을 제시하고 있다.

셀프 카운슬링은 자신의 문제를 스스로 발견하고 이를 인식하여 통제하고 관리하는 것이다. 이것은 인본주의 상담의 궁극적인 목표인 내담자의 자율성과 독립성을 추구한다는 측면과도 부합한다. 특히 셀프 카운슬링은 자신이 자각하지 못한 채 받아들여 온 기존의 가치 기준을 깨닫게 해 주고 그 기준에 따른 속박에서 스스로 자유로워질 수 있도록 해 줄 것이다. 이렇게 자신을 심층적으로 분석하는 것은 "자기를 통합하고 실현하여 궁극적으로 자기 초월적인 현상"[07]으로 나아갈 수 있도록 도움을 줄 수 있다.

그러므로 셀프 카운슬링 기법에 글쓰기 상담을 접목하는 과정은 자기 이해에 긍정적으로 작용할 수 있는 효율적인 방법이 될 것이다.

3. 셀프 카운슬링을 활용한 글쓰기 상담 사례 분석

와타나베 야스마로[08]의 셀프 카운슬링 기법[09]은 글쓰기를 통해 자기를 의식할 수 있는 효과적인 방법이다. 그는 '장면 상황', '장면 기술', '장면 통찰', '장면 연구', 그리고 '장면 발견'의 총 5단계 과정을 통해 자신의 문제를 객관화하고 이해·통찰의 과정을 거쳐 문제를 극복할 수 있음을 제시했다.

야스마로는 과정 전반에 걸쳐 세 가지 규칙을 강조하고 있다. 첫째는 추상적인 언어 보다는 인지·정서·행동이 구체적으로 드러날 수 있는 언어 사용을 강조한다. 문제 상황을 잘 생각하고 자신과 상대방의 말과 행동을 촘촘하게 작성하는 것은 자기 스스로 그 문제에 대해 세심하게

---

07) 와타나베 야스마로, 앞의 책, 174쪽 참조.
08) 게이오기주쿠 대학 경제학부와 릿교 대학 교육학과 및 동 대학원 조직신학 석사과정 수료하고 독일 뮌스터 대학 신약성서학 및 목회심리학 연구를 수료하였다. 현재 다마카와 대학 문학부 교수로 게이센 여학원 상담자와 셀프 카운슬링 학회와 자기 형성사 분석학회 회장을 맡고 있다. 저서로는 『셀프 카운슬링-혼자서 할 수 있는 자기발견법』, 『아이의 마음이 보인다-아이를 기르는 엄마들』, 『나는 무엇인가-현대 일본인의 자기형성』 등이 있다.
09) 본 내용은 와타나베 야스마로의 셀프 카운슬링의 원리와 기법을 중심으로 내담자가 경험한 문제 상황을 해결하고자 하는 시도이다. 따라서 내용 전반에 걸쳐 야스마로의 이론과 기법을 토대로 하여 글쓰기 원리와 접근법을 접목하였음을 밝히는 바이다.

들여다 볼 수 있도록 도와준다. 또한 인식하지 못하고 지나쳐 버린 문제의 원인을 발견할 수도 있으며 새로운 시각에서 문제 상황으로 접근할 수 있도록 한다.

다음으로 시간의 경과에 따라 기술해야 한다. 문제 상황을 파악하기 위해서는 사건을 시간의 흐름으로 구성하는 것이 논리에 따른 순서보다는 인과성을 파악하는 데 용이하다. 이는 문제의 시발점과 해결의 도착점을 뚜렷하게 분석하는 데 도움을 얻을 수 있다.

마지막으로 상대와 자신의 행동을 가능한 번갈아 가며 써야 한다. 이때 주의해야 할 것은 상대와 자신을 구별해서 써야 한다는 것이다. 이것은 나와 상대의 반응 패턴을 파악하기 위한 것이다. 패턴은 "인간 행동에 전형적으로 나타나는 지속적인 특징이며 생존하기 위한 방략"[10]이다. 문제는 과장되거나 반복적으로 나타날 경우 장애의 형태로 드러나기도 한다는 것이다. 패턴은 대부분 무의식의 상황 속에서 나타나므로 이것이 문제를 안고 있다는 것을 인식하지 못하는 경우가 많다. 그러므로 상대와 나를 구별하여 대인관계 속에서 나타나는 방어적 패턴이 어떤 방식으로 드러나는지를 분석하기 위해 이러한 규칙이 필요하다.

이 세 가지 규칙은 상대나 자신에 대한 추상적이고 단편적인 가치 개념을 깨뜨리고 사건을 현실적으로 인식하는 것뿐만 아니라 해결방안을 찾는 데 도움을 준다. 이러한 규칙은 분절되는 것이 아니라 전체 과정을 통해 동시에 작용될 때 그 효과가 더욱 높다.

내담자는 40대 여성으로 국문학을 전공했으며 평소 봉사와 기부에 관심이 있었다. 그러던 중 한 단체로부터 초등학생을 대상으로 하여 '역사

---

10) Aaron T. Beck, Arthur Freeman, Denise D. Davis, & Associates, 민병배·유성진 역, 『성격장애의 인지치료』, 학지사, 2008, 48~49쪽 참조.

논술' 강의를 제안 받아 재능 기부 형식으로 수업을 진행하고 있다. 현재 내담자가 겪고 있는 갈등은 수업을 거부하는 학생과의 문제이다. 교사로서 누구보다 자부심을 가지고 교수법 연구에 노력해 왔던 터였으므로 예상치 못한 학생의 반응은 큰 자극으로 다가왔다. 이러한 갈등 상황에 대해 누군가를 찾아 하소연 한다면 조금 나아질 것 같기도 하지만 상담자를 찾기에는 미미한 일이고 다른 사람에게 말하기도 부끄럽다는 것이 내담자가 고민하고 있는 내용이었다.

이에 상담자는 셀프 카운슬링 기법을 소개하였다. 내담자가 평소 책 읽기와 글쓰기에 관심이 있고 좋아한다는 것도 셀프 카운슬링을 권하게 된 결정적 이유가 되었다. 용지 작성 방법에 대한 안내 이외에는 상담자가 개입하는 것을 최소한 제한한다는 것을 공지하였다. 다만 진행 과정에서 스스로 얻은 효과나 느낌을 간략하게 말해 줄 것을 당부하고 상담 과정과 내용을 연구 자료로 활용할 수 있도록 해 줄 것을 부탁했다.

1) 문제 접근을 위한 장면 상황

셀프 카운슬링은 장면 상황 용지를 작성하는 것에서 시작된다. 장면 상황 용지는 '연구 동기', '장면 설명', '상황 그림'으로 구성되어 있다. 연구 동기는 최근 자신이 겪고 있는 여러 가지 문제 상황 중에 왜 그 사건을 선택하였으며 그 사건이 자신의 삶에 어떤 부정적 영향을 미치고 있는지 서술한다. 또 앞으로 자신의 건강한 삶을 유지·증진하기 위해서 이 문제가 어떤 바람직한 방법으로 해결되었으면 하는지에 대한 바람을 제시하는 것이 좋다.

장면 설명은 사건이 일어난 시간과 장소 등을 기록하고 관련 인물과 당시의 상황에 대해 간단하게 설명하도록 한다. 이는 사건이 시작되기

전의 상황을 파악하는데 필요하다. 문제 상황에서 행위가 일어나고 있는 시간과 공간을 배경이라고 하며 사건이나 행동은 일반적으로 배경과 밀접하게 연관이 되어 있다. 배경은 단순한 시간과 장소만이 아니라 인물의 성격과 행동을 결정하는 존재가 되거나 공간적 미학의 구조를 통해 관념·의식·심리를 암시하고 반영하는 역할까지 하고 있다. 셀프 카운슬링에서 이러한 배경의 효과를 파악하는 것은 배경의 특성이 인물들에게 영향을 줄 수 있다는 점과 사전 '분위기(atmosphere)'를 파악하는 데 도움을 받을 수 있다. 분위기를 어떻게 느끼느냐에 따라 인물 행동이 달라질 수 있다는 것을 고려해서 문제 행동을 이해해야 한다.

상황그림은 상대와 자신의 위치 관계를 파악하기 위한 것으로 이 역시 상황을 객관적으로 이해하는 데 도움을 준다. 당시의 상황을 생각하며 대상의 얼굴 표정과 위치를 떠올리고 전반적으로 문제 상황과 어떤 관계가 있는지 파악하는 것이 중요하다.

이미지는 구체적인 체험으로 존재하며 무의식적 욕구와 정서의 표현이고 현실적으로 단절된 자기와 소통을 가능하게 한다. 미술치료 영역에서는 이러한 이미지를 통해 심리를 분석하여 무의식에 잠재된 갈등과 내면세계를 파악한다. 이것은 표현 과정을 통해서 얻을 수 있는 심리적 안정감과 작품을 통해 스스로를 객관화하는 이미지의 역할을 강조하고 있다고 볼 수 있다. 셀프 카운슬링에서 상황 그림을 활용하는 목적은 미술 치료에서 강조하는 심층적 갈등을 파악하기 보다는 상황을 이미지화 시킴으로써 구체화·객관화하는 역할에 주안점을 두고 있다.

그림을 상세하게 그리는 것이 도움은 되지만 반드시 자세하게 그릴 필요는 없다. 순간화 된 행동 패턴을 바꾸려면 상황 장면을 정확하게 알아야 하므로 상황 그림은 가능한 그리는 것이 바람직하다.

내담자가 작성한 장면 상황 용지를 제시하면 아래 [표-1]과 같다.

연구 동기

 복지단체 후원으로 지역아동센터 수업을 할 수 있는 기회가 생겼다. 처음에는 다소 반항적인 태도를 보이던 아이들도 6개월여의 시간을 함께 하면서 산만한 부분은 있으나 많이 안정되었고 수업에도 조금씩 반응을 보이기 시작했다.

 처음 수업을 나가기 전에는 어려운 환경에서 자라고 있는 학생들에 대한 두려움 반, 또 그런 아이들을 더욱 사랑으로 돌봐 주어야겠다는 나름대로의 각오를 갖고 임했다. 하지만, 내가 맡은 지역은 부촌이다 보니 형편이 어렵다기 보다는 맞벌이 가정의 아이들이 많았다. 아이들의 상태나 성적 등이 일반 아이들과 별반 다를 것이 없었다. 센터장으로 부터 한 두 명의 아이들을 제외하고는 모두 형편이 괜찮다는 설명을 들었다.

 다솜이는 4학년 여학생으로 역시 맞벌이 가정의 아이이고 주변 아파트에서 살고 있으며, 부모님과 위로 언니, 아래로 여동생이 있다. 학교 성적은 상위권을 유지하는 듯 했다.

 그런데 다솜이는 시간이 갈수록 자꾸 엇나가기만 했다. 여전히 책을 읽을 때는 목소리가 작고 설명을 하면 집중해서 듣지도 않으며 글을 쓰라고 하면 "못하겠어요. 생각이 안나요."를 반복하곤 했다. 인내심을 가지고 몇 번이고 설명을 반복해서 하고 쓰기를 유도하지만 여전히 아이는 수업에 임할 마음이 없는 듯 했다.

 센터 수업을 나갈 때면 아침부터 기분이 좋지 않고 머리가 지끈거리며 가슴이 답답한 증상이 나타났다.

이에 문제의 핵심을 다솜이에게서 찾기보다는 나에게 없는지 반성하는 마음으로 문제 현상을 파악하고 해결하기 위하여 이 상황을 선택하였다.

장면설명

일　　시 : 2013. 4. 12.오후 3:30~5:10
장　　소 : XX동 새누리 지역 아동센터
등장인물 : 나, 다솜이, 수하 등 아동센터 아동 10여명
상황설명 : 센터에 도착했을 때 아이들은 배드민턴을 치고 있었다. 아이들이 반갑게 인사를 한다. 하지만 다솜이는 무표정한 얼굴로 나를 맞이한다. 아이들을 데리고 공부방 안으로 들어왔다. 다솜이도 따라 들어온다. 수업내용은 '고려 사람들의 생활 모습 중 남녀차별'에 대한 내용이었다. 인사를 한 후 책을 펼치고 돌아가면서 읽는 활동을 시작했다.

상황그림

[표-1] 장면 상황 작성 사례

연구 동기를 작성하면서 내담자는 이 문제가 생각보다 자신의 삶에 부정적인 요소로 작용하고 있다는 것을 깨달았다고 하였다. 수업 당일만 되면 왠지 기분이 나빠지는 부정적 정서와 머리가 아프고 가슴이 답답한 부정적 행동 결과로 나타나고 있다는 것을 인식하게 되었다.

장면 설명은 시간과 장소가 갖는 특수성을 떠올리게 한다. 시간상 아이들이 한창 뛰어놀아야 하는 활동적인 시간에 수업을 해야하는 선생님의 등장은 아이들 입장에서 그리 반갑지 않을 것이다. 이러한 자각 이외에 상담자는 내담자로 하여금 다솜이 이외에 다른 아이들이 함께 하고 있다는 것을 새삼 인식할 수 있도록 도와주었다. 내담자는 한 아이에 집중되어 있는 교사의 신경으로 인하여 다른 아이들을 소홀히 대하거나 제외시키지 않았을까 라는 염려가 된다고 하였다.

상황그림은 대상과 내담자의 위치를 객관적으로 들여다 볼 수 있도록 했다. 그림 속 다솜이는 내담자와 멀리 떨어져 있었고 특히 잘 보이지 않는 사각지대에 앉아 있었다. 그것이 대상과 상담자와의 물리적 거리뿐만 아니라 심리적 거리감이 작용하고 있음을 알 수 있었다. 이러한 자리 배치가 수업에 참여하는데 있어 방해요소나 제외가 되지 않았는지 관찰하도록 하였으며 다시 당시 상황을 떠올리게 했다.

장면 상황 용지를 작성하는 시작 단계에서도 내담자는 평소 보고 느끼지 못했던 부분들을 발견할 수 있었고 인식한 문제를 개선해야 할 필요성을 깨닫는 효과를 얻었다고 하였다.

2) 문제 구체화를 위한 장면 기술

장면 기술 용지 작성 방법은 상대의 말과 행동을 왼쪽 칸에, 자신의 말과 행동을 오른쪽 칸에 나누어 써야 한다. 상대 칸은 상대가 한 말과 행동 중에서 내가 보고 들은 것을 토대로 작성하고, 자신의 칸에는 내가 말하거나 행동한 것과 함께 생각한 것도 같이 제시하도록 한다. 일반적으로 상대를 평가하는 것은 자기 자신의 가치관이 기준이 되는 경우가 많다. 그렇다면 '상대방이 한 말과 행동'란에 기술한 것 역시 '내가 생각한 것'일 가능성이 높다. 그러므로 자신의 생각이 꼭 맞는 것이 아니라는 자기 경계가 필요하며 이를 위해 상대와 나를 가르는 구분선과 같은 장치가 요구된다. 이 구분선을 '자타경계선'이라고 하는데 이것은 의식적으로 상대와 나를 구별하기 위한 장치이다. 자기 생각에 빠져서 상대방의 말과 행동을 잘못 판단하는 오류를 범하지 않기 위해 이러한 '자타 경계선'과 같은 장치가 필요하다.

다음으로 상황을 좀 더 구체적으로 기술하기 위해 문장과 문장에 순서대로 번호를 붙여 나가야 한다. 이 과정은 문장 하나하나를 끊어서 봄으로써 세밀하고 촘촘하게 상대와 자신이 한 말·행동·생각을 살펴볼 수 있도록 도와준다. 구체적 사례는 [표-2]를 통해 살펴 볼 수 있다.

상대가 한 말, 한 행동 (내가 본 것, 들은 것)	내가 한 생각, 한 말, 한 행동
1. 수업 시작을 알리자 다솜이가 마지못해 일어나 사물함으로 간다.	2. '어휴 100분간 또 너와 씨름해야 하는구나.' 3. 나는 겉으로 내색은 하지 않았지만 다솜이의 행동 하나하나에 신경을 쓴다.
4. 다솜이는 자신의 차례가 되자 모기만한 소리로 책을 읽기 시작했다.	5. '어휴 또 시작이구나.' 6. "다솜이는 목소리를 좀 더 크고 자신감 있게 읽도록 하자." 7. '도대체 지난 시간과 똑같은 소리를 몇 번이나 반복하고 있는 거야. 아까 놀 때 보니까 누구보다도 목소리가 크더만 왜 책만 읽으면 목소리가 기어들어가는 거야. 참 별일이다. 분량은 또 왜 이렇게 많아.'

	8. 웅성거리는 아이들에게 "다솜이가 여러분이 수업에 집중해서 들으라고 작은 목소리로 읽고 있는 것 알죠?" 9. 다른 아이들에게 이렇게 말을 하면서 '역시 나는 인내심이 강한 훌륭한 교사야.' 스스로 대견해 하면서 아이들을 다독거렸다. 10. 모두 읽기가 끝나고 읽은 부분에 대한 설명을 시작했다.
11. 여전히 다솜이는 멍한 표정으로 앉아 있다.	12. "그래 그럼 우리 자신의 경험을 돌아가면서 이야기 해볼까?"
13. 다솜이 발표 순서이다. 하지만 다솜이는 묵묵부답으로 앉아 있을 뿐이었다.	14. '도대체 왜 저럴까? 말하기가 싫은가? 아니면 내가 싫은 것일까?' 15. "다솜이는 차별 받았다고 생각한 적 없어요?" 16. '그렇다고 제외시키고 수업을 할 수도 없고 참 난감하다. 센타장님께 상의해서 차라리 다른 아이에게 수업을 들을 수 있도록 해야 하는 거 아닌가?' 17. 연필을 붙잡고 책만 바라보고 있는 다솜이와 더 이상 씨름할 수 없어서 다음으로 넘어갔다. 18. 다른 9명의 아이들이 다솜이 하나로 인해 피해볼 수는 없는 일이었다. 19. "그래요. 다솜이는 차별 받았던 기억을 다시 한 번 생각해 보기로 하고 다음 영현이가 발표해 보자."
20. 다솜이의 교재는 깨끗하기만 하다.	21. '뭐야. 오늘도 빈공간이야. 한 자라도 쓰도록 유도해야 하는데 오늘도 끝까지 힘들게 하는구나.' 22. "다솜아. 다솜이가 나중에 커서 어른이 된다면 다솜이는 자식들에게 어떤 방식으로 재산을 물려주는 것이 좋다고 생각하니?"
23. "저는 자식들에게 안 줄 건데요?"	24. "그래. 그럼 네가 가진 재산을 어떻게 하고 싶은데."

25. "그냥 제가 다 가져야죠? 왜 그걸 자식들에게 줘요?"	26. '욕심도 많으네. 그런 욕심으로 수업을 하면 얼마나 좋을까?' 27. "그렇구나. 그럼 이렇게 쓰면 되겠다. 자식들에게 재산을 물려주는 것 보다는 다른 것을 물려주면 좋겠다고. 다른 것은 어떤 것이 좋은지 더 생각해 볼까?"
28. "글쎄, 아무 것도 물려주고 싶지 않다니까요?"	29. '그래. 짜증난다 이거지. 내 오늘은 기필코 네가 한 줄이라도 쓰게 만들거다.' 30. "왜 요즘 재산 보다도 열심히 사는 방법을 물려주는 것도 있잖아. 다솜이 좋아하는 드라마에도 그런 이야기 나오잖아?"
31. "아, 찬란한 유산요. 이승기도 재산을 안 받았죠."	32. "그래, 그런 드라마 속에서 보면 돈 말고 더 소중한 재산을 물려줄 수도 있잖아?"
33. "하지만, 그건 내 생각이 아니고 선생님 생각이잖아요?"	34. '어라, 자존심은 있어가지고. 그래 끝까지 해보자 이거냐.' 35. "그래 그렇다면 재산을 한 푼도 물려줄 수 없다 라고 쓰면 되겠네."
36. 결국 다솜이는 나의 그 말을 듣고 몇 자 적기 시작했다. 마지못해서 쓰다보니 글씨가 엉망이었다.	37. '아. 오늘도 이렇게 나는 내 목적을 달성하지 못했구나. 38. 열심히 하고 있는 다른 아이들에게 영향이 가지 않아야 할 텐데. 39. 도대체 어떻게 해야 저 아이를 수업에 적극적인 아이로 만들 수 있을까? 40. 수업을 마무리하고 나오면서 오늘도 아무 것도 하지 못했다는 자책감이 나를 괴롭혔다.

[표-2] 장면 기술 작성 사례

언어는 그 사람의 모습이며 인간의 생각과 정서는 언어에 의해 표현된다. 언어의 의미를 잘 알고 정확한 직접언어를 사용하는 것은 그 사람의 효능감(efficacy)[11]을 증진시켜 줄 수 있다. 또한 언어는 사람을 살리는 긍정적 언어와 반대로 부정적 언어가 있다. 무엇보다 언어에 부정과 긍정이 공존하고 있다는 것을 인정하고 부정적인 것을 긍정 쪽으로 변화시키도록 해야 한다. 그리고 되도록 긍정어를 선택하여 사용한다면 타인이나 스스로에게 좀 더 관대해 질 수 있다.

이러한 관점에서 보았을 때 내담자의 생각과 말을 기술하는 부분을 살펴보면 문제 상황에 대해 상당히 부정적으로 반응하고 있다는 것을 인식할 수 있다. 이것은 내담자 자신뿐만 아니라 대상에게도 부정적 영향을 주었을 것이고 관계 형성에 영향을 끼쳤을 것이며 결국 '관계실패' 현상으로 나아갈 수 있다는 것을 의미한다.

다솜이의 말과 행동을 기술한 내용을 언어에 초점화해 보면 내담자의 의도가 많이 개입되고 있는 것을 발견 할 수 있다. 상담자의 요구에 의해 상대의 말과 행동을 객관적으로 써야 한다는 원칙을 의식하면서 썼음에도 불구하고 표현된 어휘를 보면 일정한 패턴으로 부정적 정서가 개입되어 있는 것을 알 수 있다. 예를 들면 '마지못해', '모기만한 소리', '여전히 멍한 표정으로', '묵묵부답', '앉아 있을 뿐', '깨끗하기만', '마지못해 쓰다 보니'와 같은 표현 등이다.

이러한 부정적 언어의 사용은 상황을 객관적으로 파악하지 못하게 한다. 그러므로 부정적인 언어를 중립적인 언어로 바꾸고 이를 다시 긍정적인 언어로 바꿈으로써 내담자의 사고를 유연하게 할 수 있다. 우선 1차 기술된 내용 중 이러한 부정적 표현에 밑줄을 그어주고 단계적으로 중립적이거나 일반적 어휘로 바꾸는 단계를 거쳐 긍정적 어휘로 바꾸어

---

11) 스스로 문제를 잘 해결할 수 있다고 믿는 기대와 신념으로 인간이 성장하고 삶을 진취적으로 살아가기 위해 필요한 정서가 효능감이다.(이명미, 「MBTI 성격유형별 글쓰기 전략-글쓰기 능력과 효능감 향상을 중심으로-」, 한남대학교 박사학위논문, 2014, 4쪽.)

보았다.

1. 마지못해 → 천천히 → 조심스럽게
4. 모기만한 소리 → 들릴 듯 말 듯한 소리 → 작은 목소리
11. 여전히 → 아직도 → 계속해서
    멍한 표정으로 → 무표정한 얼굴로 → 생각이 많은 얼굴로
13. 묵묵부답 → 대답을 하지 않고 → 가만히 앉아 있다
20. 다솜이의 교재는 깨끗하기만 하다 → 다솜이는 써야 되는 칸을 빈칸으로 유지하고 있다 → 다솜이는 아무것도 써 놓지 않았다.
36. 결국 → 마침내 → 드디어
    마지못해서 → 겨우 → 천천히
    엉망이었다 → 지저분했다 → 삐뚤빼뚤하였다

다음으로 이를 다시 문장으로 기술하여 변화를 살펴보도록 했다. 윌리스(Willis)는 CBT기법[12]에서 대안적 긍정 신념을 구축하는 일환으로 긍정일기를 쓰는 방법을 제안한다. 긍정 일기를 쓰는 것은 본질적으로 대안적 긍정적 신념이 '그림의 떡'이 아닌 현실적이라는 것을 확인해 줄 증거의 근원을 만드는 방법이다. 이것은 부정적 스키마의 문제가 되는 메커니즘의 일부가 첫째는 긍정적인 경험들을 튕겨내고, 둘째는 이러한 긍정적인 경험이 다소 있다고 해도 이를 왜곡하거나 잊거나 무시하는 식으로 작용하기 때문에 긍정일기를 쓰는 것이 중요한 일이다.[13] 따라서 긍정적 어휘를 활용하여 문장을 만들고 비교함으로써 부정적 경험을 튕

---

12) 이 기법은 아론 벡(Aaron Beck)에 의해 처음으로 설명되었으며 그 후 그의 딸인 주디 벡(Judith Beck)에 의해 발전된 이론이다. '인지치료' 와 'CBT' 라는 용어가 서로 교체되어 사용된다.
13) Frank Willis, 박의순·이동숙 역, 『인지행동 상담과 심리치료 기법』, 시그마프레스, 2011, 3쪽.

겪어내고 부정적 경험을 극복할 수 있는 신념을 구축하기 위한 과정이 필요하다. 이를 표로 제시하면 아래와 같다.

다음에는 위에서 대화로만 기술되어 있는 부분에 대해 구체적 행동을 첨가, 기술하여 다시 재구조화 하는 단계를 거침으로써 행동이 보여준 부정적 측면이 없는지 관찰하도록 하였다.

23. 행동기술 : 얼굴을 들고 나를 쳐다보며 강한 어조로
25. 행동기술 : 의아하다는 표정으로
28. 행동기술 : 책을 덮으며
31. 행동기술 : 연필로 책상을 톡톡 치며
33. 행동기술 : 나의 눈을 피하며

상대가 한 말과 행동을 중립적·긍정적 언어로 바꾼 후에 천천히 상황을 떠올리며 읽도록 했다. 내담자는 두 단어 사이의 간극이 매우 큰 것을 깨달을 수 있다고 했다. 언어는 생각을 표현하기도 하지만 생각에 영향을 미치기도 한다. 언어와 사고가 서로에게 영향을 미치는 상호관계에 있다는 것을 전제하에 본다면 이러한 부정적 언어는 다솜이에 대한 내담자의 부정적 태도를 보여주고 있다. 즉 부정적 언어는 부정적 사고를 유발하고 이는 대상을 대하는 태도에 영향을 끼친다. 그래서 이를 긍정적 언어로 바꾼 후 다솜이가 했던 행동과 말을 되새겨 본 후 다시 생각 할 것을 요구했다. 내담자는 다솜이가 다른 학생들과 크게 다르지 않은 행동을 하고 있음에도 불구하고 유독 다솜이에게만 부정적 언어를 사용하고 있는 것을 볼 수 있다.

2단계 장면 기술 작성 단계에서는 더 구체적으로 문제 상황에 대한 부

정적인 내담자의 반응을 인식할 수 있다. 이는 부정적 정서로 접근해 오는 교사에 대해 다솜이가 느꼈을 거부감을 이해할 수 있게 해 주었고 이러한 자기 의식은 해결의 열쇠가 서서히 풀리는 것을 알려주었다. 문제 상황이 주관화 되어 있다는 것을 인식하는 것은 바로 객관적 시각으로 문제를 분석하는 힘이 길러졌다는 것을 의미하기도 한다. 이것은 셀프 카운슬링의 초기 과정에서 얻은 수확으로 앞으로 진행되는 과정을 통해 현재 문제를 해결할 뿐만 아니라 예상되는 여러 가지 문제 현상을 다른 눈으로 볼 수 있는 통찰의 시각을 얻을 것이라는 기대감을 상승시킨다.

3) 통찰을 통한 관계·감정·욕구 파악

장면 통찰 용지는 앞서 작성한 내용별 번호의 상황을 관계·감정·욕구로 나누어 구체적으로 분석하는 작업이다. 야스마로는 인간은 사회에 대한 불만을 갖거나 자신에 대해 불안을 느낄 경우 스스로 자기 자신과 사회의 관계 방식을 되돌아본다고 보았다. 특히 상담을 요하는 문제 상황은 주로 대인관계가 원만하게 형성되지 않아 발생하는 경우가 대부분이다. 대인관계는 일방적으로 맺어지는 것이 아니라 여러 가지 요인들이 서로 영향을 미치고 상호작용한다. 따라서 문제의 방향이 누구를 향해 있는지를 파악하는 관계 분석이 무엇보다 우선되어야 한다.

관계 분석이 끝나면 다음으로 감정을 파악해야 한다. 감정은 생물학적으로 더 오래된 적응적이고 빠른 행위 체계이며 생존을 강화하기 위해 고안된 체계라고 할 수 있다. 즉 감정의 일차적 기능은 생물학적 본성을 우리가 살아가는 이 세계와 연관시켜 생존과 관계된 일들에 즉각적으로 반응하게 만든다. 또한 감정은 인간의 내면이나 환경에 주의를 기울일 필요가 있는 어떤 문제 상황이 일어나고 있다는 것을 알려주는 역할을 한다. 강렬한 감정의 변화를 느낀다는 것은 삶에서 중요한 일이 일어난다는 것이다.

감정은 기저에 깔려 있기 때문에 파악하는 것이 쉽지 않다. 그러므로 감정에 대한 기본적인 이해가 우선되어야 한다. 감정의 근원이 환경과 관계된 것인지 자기와 관계된 정서인지를 구분하는 것에서부터 출발해야 하는데 이 역시 대인관계를 파악하는 것과 밀접한 연관이 있다. 일반적으로 일시적 감정(feeling)은 지속적인 정서(emotion) 변화에 영향을 줄 수 있는데 이러한 감정과 정서를 구분하는 것 역시 쉽지 않다. 따라서 일시적 현상인 감정을 파악하고 지속적인 정서를 구분해 보는 과정이 필요하다.

감정을 나타내는 데 주의해야 할 점은 한 두 개의 단어로 기술해야 한다는 것이다. 만약 두 개 이상의 감정으로 표현된다면 그것은 감정이 아니라 생각일 가능성이 높다는 것을 인식해야 한다.[14] 또한 부정적인 감정도 기능적일 수 있다는 것을 전제로, 셀프 카운슬링을 통해 감정을 파악하고 이를 긍정적으로 기능하도록 조절할 수 있는 능력을 키우는 것이 필요하다.

"감정은 충족되지 못한 욕구를 채우려는 절망적인 시도에 의한 것"[15] 이라는 윌리스의 시각은 내재된 욕구 파악의 필요성을 강조한다. 따라서 문제 상황의 근원이 자신이 추구하고자 하는 어떤 욕구나 소망에서 비롯되었는지를 분석하여 문제점을 해결해야 한다.

매슬로우(Maslow)는 인간의 기본적인 욕구를 6단계로 나누어 설명하고 있다. 인간은 생리적 욕구, 안전 욕구와 같은 하위욕구가 충족이 되

---

14) Dennis Greenberger & Christin A. Padesky .권정혜 역,「기분다스리기」, 학지사, 1999, 38, 63쪽 참조
15) Frank Wills, 앞의 책, 3쪽.

면 소속감 애정 욕구, 존경 욕구, 자아실현 욕구, 메타 욕구와 같은 상위 욕구로 나아간다. 건강한 사람은 기본적으로 자신의 잠재력과 능력을 최대한 개발하고 실현시키려는 욕구에 따라서 동기가 부여된다. 인간은 끊임없는 욕구 충족을 통해서 내적·외적 성장을 이룰 수 있다. 그러므로 문제를 파악하기 위해 내재되어 있는 욕구를 파악하고 바람직하지 않은 욕구는 바람직한 방향으로, 바람직한 욕구는 더 나은 단계로 성장할 수 있도록 해야 한다. 다음 [표-3]은 장면 통찰 용지 작성 사례이다.

상대				자신			
글번호	관계	감정	욕구	글번호	관계	감정	욕구
1	선생님	짜증	수업을 하기 싫다	2	다솜	걱정	기필코 수업에 참여하게 하겠다
				3	다솜	못마땅함	좋은 선생으로 기억되어야 한다
4	선생님 친구들	위축감 주눅	잘 하고 싶다				
				5	다솜	짜증	잘 견뎌야 한다
				6	다솜	답답함	좋은 선생으로 기억되어야 한다
				7	다솜	못마땅함	멈추게 하고 싶다
				8	학생들	속상함	수업을 계속 하고싶다
				9	학생들	뿌듯함	
				10	학생들	신바람	
11	선생님, 친구들	지겨움	수업하기 싫다	12	학생들	불안함	

글번호	상대 관계	감정	욕구	글번호	자신 관계	감정	욕구
13	선생님, 친구들	거부감	잘 하고 싶다	14	다솜	배신감	모든 사람에게 인정 받고 싶다
				15	다솜	속상함	
				16	다솜	난감함	
				17	다솜	불만	다솜이를 제외시키고 싶다
				18	학생들	위안함	
				19	다솜	얄미움	
20	선생님	지겨움	쓰고싶지 않다	21	다솜	울화	
				22	다솜	저항감	
23	선생님	귀찮음	말하고 싶지 않다	24	다솜	짜증	반드시 수업에 참여시켜 훌륭한 교사로 인정 받아야 겠다
25	선생님	귀찮음		26	다솜	아쉬움	
				27	다솜	짜릿함	
28	선생님	짜증	말하고 싶지 않다	29	다솜	저항감	
				30	다솜	초조함	
31	선생님	멋쩍음	인정하고 싶지 않다	32	다솜	초조함	
33	선생님	반항심	선생님에게 지기 싫다	34	다솜	얄미움	
				35	다솜	허탈함	수업을 마무리하고 싶다
36	선생님	귀찮음	수업하고 싶지 않다	37	다솜	서글픔 쓸쓸함	훌륭한 교사가 되고 싶다
				38	다솜	속상함	
				39	다솜	서글픔	
				40	다솜	절망	

[표-3] 장면 통찰 작성 사례

전체 40개의 문장을 쪼개어 분석한 관계를 보면 주로 내담자와 다솜이로 관계 맺기가 형성되어 있는 것을 알 수 있다. 이는 다솜이 이외의 다른 학생들은 내담자의 관심과 배려에서 제외되어 있다는 것을 알 수 있게 해 주었다. 스스로가 좋은 그리고 훌륭한 교사가 되고자 한 것과는 상반된 행동을 하고 있었다는 자기반성이 통찰 용지를 작성하는 내내 내담자를 자극하고 있었다. 내담자와 다솜이는 서로 대립되는 이자관계로 구성되어 있다. 처음 수업을 시작하던 시기에는 관계가 대립적이지 않았지만 시간이 경과할수록 서서히 불안정한 관계를 드러내게 된다. 이러한 이자관계에 다른 학생들이 개입되면서 삼자관계를 형성한다. 이는 내담자가 다솜이에게 집중하지 않고 다른 학생들을 수업에 개입시켜 갈등 상황에서 벗어나려고 하는 의도적으로 노력으로 볼 수 있다. 이것은 긴장관계에서는 삼자관계가 이자관계보다 더 융통성 있고 안정적이라는 것을 의미한다. 삼자관계에서 일반적으로 불안수준이 낮은 두 사람은 아무 불편 없이 친밀해지고 제3자는 다소 불편함을 느끼는 방관자가 된다. 여기서 다른 학생들이 내담자의 수업에 적극적으로 반응한 것은 내담자와 다솜이의 긴장관계에서 제3자인 그들의 안락함을 유지하기 위해 내담자와 연합을 형성한 것으로 볼 수 있다. 그러나 이러한 현상은 전체 수업 분위기가 긴장감을 조성하였고 다른 학생들도 이러한 분위기에 영향을 받고 있었다는 것을 의미하는 것이기도 하다.

다음으로 감정에 대한 분석이다. 감정언어로 표현된 부분 중에서 긍정적 감정언어는 '뿌듯하다', '신바람나다', '위안되다', '짜릿하다' 정도이다. 그 중 '짜릿하다'는 대상을 자신이 원하는 대로 꼼짝없이 이끌었다는 데서 오는 만족감에서 비롯되었다고 본다면 긍정적 감정언어로 보기에 적절하지 않을 수 있다. 따라서 긍정적 감정언어는 40개의 문장 중에서 3개 정도만 해당된다. 이것은 모두 내담자가 느끼는 감정이고, 더 큰 문제는 다솜이에게서는 긍정적 감정으로 분류할 수 있는 것을 찾을 수 없었다는 것이다.

감정을 분석하기 위해서는 다른 사람의 내면세계를 상상하여 그 기저에 흐르는 정보의 작용방식을 이해하는 것이 필요하다. 더불어 음성과 동작, 얼굴 표정과 같은 비언어적 단서에 주목해야 한다. 이러한 방법으로 다솜이의 감정을 도출해 낸 근거를 제시하면 우선 1.은 '사물함으로 걸어가는 다솜이의 느린 행동'으로 보아 수업에 참여하기 싫은 감정이 '짜증'으로 드러났다고 볼 수 있다. 4. '책을 읽을 때 작은 소리로 읽는 것'은 자신감이 없다는 것이고 이는 '위축되고 주눅' 들어 있는 감정 표현이다. 11.에서는 '수업에 집중하지 못하고 멍한 표정으로 앉아 있는 모습'을 통해서 수업하기 싫은 마음이 '지겨움'으로 나타나고 있으며 13.에서는 '발표할 차례가 되었음에도 불구하고 그냥 앉아 있는 모습'을 통해서 수업에 '거부감'을 느끼고 있는 것을 추론할 수 있다. 이러한 거부감은 20, 23, 25.를 통해 아예 수업에 참여하지 않거나 교사가 하는 말에 반대 의견을 제시하는 것으로 지겨움과 귀찮음이 극에 달한다. 36.에서는 결국 교사의 강요에 못 이겨 억지로 참여하긴 하지만 여전히 성의 없는 태도로 일관하면서 못마땅하고 귀찮은 감정을 지속시켜 나가고 있다. 다솜이는 일차적 정서를 주로 보이는 것으로 나타났다. 또한 부적응적이기 보다는 적응적인 감정 형태로써 앞으로 내담자와의 관계를 개선한다면 충분히 긍정적으로 기능할 수 있는 감정이다.

상대의 감정 이해가 이루어지고 나면 내담자 스스로의 감정을 분석하는 단계로 넘어간다. 내담자는 다솜이를 처음 대면하면서부터 2,5.처럼 '어휴'라는 비언어적 행동을 통해 '걱정스러움'과 '짜증'을 동반한다. 다솜이를 향한 '짜증스러움'과 '배신감', '속상함'은 내담자 내면의 의식 속에서 "중얼거림"으로 끊임없이 지속되고 있다. 문장, 7, 14, 16, 21, 26, 34에서 이러한 중얼거림이 일어나고 있다.

내담자가 이와 같은 내적독백을 통해 드러내고 있는 감정 변화를 보면 7.못마땅하다, 14.배신감, 16.난감하다, 심지어 21.에서는 '울화가 치밀기도' 한다. 26. 에서는 아쉽고 34.에서는 얄밉기까지 하다. 그러나 이러한 부정적이고 극한 감정을 뒤로한 채 내담자가 보여주는 행동은 8, 15, 22, 24, 27, 32, 35와 같이 모순된 행동을 하는 모습을 알 수 있다.

이러한 행동에서 나타나는 감정은 8,15.와 같이 속상하고, 22.저항감, 24.짜증, 26.아쉽고, 27.짜릿하고, 32.초조하고, 35.허탈하다로 드러난다. 분석 결과 객관적으로 드러나고 있는 행동에 반해 기저에 작동하고 있는 감정이 큰 차이를 보이고 있는 것으로 나타난다. 즉 내담자가 부정적 감정을 표면화하지 못하고 이러한 내적독백 기법을 통해 철저히 억제시키고 있다는 것이다. 즉 다솜이를 향한 저항감과 분노로 드러나는 일차적 정서를 억압하고 교사로서의 역할에 충실해야한다는 '사회적으로 구성된(social construction) 정서' 즉 '도구적 정서'로 표출되고 있다고 볼 수 있다.

내담자는 37, 38, 39, 40 에서 볼 수 있듯이 스스로 정한 목표를 달성하지 못하였다고 평가하였으며 이로 인해 더 큰 감정의 상처를 받았다. 이는 다솜이라는 대상을 향한 감정이 아니라 자기를 향한 감정이 드러난 것으로 분석할 수 있다. 완벽한 교사가 되고자 하는 목적을 달성하지 못하였기 때문에 더 37,39. 서글프고, 38.속상하며, 40.절망적이 되기까지 한다. 이는 자존감이 손상되었으며 이를 회피하기 위해 또 다른 부정적 정서로 나아갈 확률이 높다. 그러므로 내면의 감정에 귀를 기울이고 감정언어를 우선 의식화 하는 법을 배우는 '통찰 용지' 작성을 통해 자기를 들여다보는 것이 필요하다.

　부정적 감정은 충족되지 못한 욕구를 채우려는 절망적인 시도이다. 따라서 감정을 긍정적으로 기능하게 하기 위한 또 하나의 방법은 욕구를 파악하는 것이다. 우선 앞에서 제시한 매슬로우의 욕구 단계를 토대로 내담자와 다솜이가 추구하는 욕구는 무엇이며 또 결여되어 문제 상황을 일으키고 있는 욕구가 무엇인지 살펴보고자 한다.

　다솜이는 하위 단계인 안전욕구가 충족되지 않았다. 가장 싫어하는 글쓰기를 억지로 해야한다는 사실은 다솜이를 짜증스럽고 불안하게 만들었다. 이것은 감정적으로 안전해지지 않았다는 것을 의미한다. 소속감과 애정욕구 측면에서 살펴보면 '선생님으로부터 사랑받고 싶다'는 욕구가 기저에 깔려 있다고 볼 수 있다. 그렇지 않다면 다솜이는 싫어하는 선생님과 굳이 수업을 진행할 필요가 없다. 센터에 소속이 되어 있으며 나름대로 글쓰기 수업을 하는 것에 자부심을 가지고 있는 아이들 틈에서 벗어나는 것을 두려워했을 수도 있다. 또한 존경욕구가 충족되지 못했다. 다솜이가 가장 못하는 것이 글쓰기이고 그러다보니 싫어하는 과목 중에 하나가 되었다. 그러나 다른 친구들처럼 잘 읽고 잘 쓰고 싶은 욕구를 가지고 있으며 그렇게 되지 못하는 자신에 대해 불만을 가지고 있었을 것이고 그 불만을 해소하기 위한 대상이 바로 글쓰기 선생님을 향해 있었던 것으로 보인다.

　내담자는 주로 하위 욕구보다는 상위 욕구가 결핍되어 있다. 아이들과 함께하는 공간에서 자신이 교사 역할 뿐만 아니라 멘토로 다가가기를 바랬다. 이것은 모든 아이들로부터 존경받는 교사가 되고 싶은 존경욕구를 가지고 있다고 볼 수 있다. 더 나아가 '모든 사람으로부터 인정받고 사랑받아야 한다'는 비합리적인 신념에서 비롯된 건강하지 못한 욕구에서 그 원인을 찾을 수 있다. 따라서 내담자는 스스로 훌륭한 교사가 되고 싶은 존경 욕구와 자아 실현욕구를 충족하지 못했다고 파악할 수 있다. 그로 인해 좌절과 절망스러운 감정을 느낀 것이다.

내담자가 추구하는 욕구는 상당히 온전하고 바람직한 것임에 비해 실제 생각과 행동은 그러한 올바름에 근접하지 못했다. 여기서 오는 당혹감과 좌절이 문제 상황으로 발전된 것이라고 할 수 있다. 또한 내담자 스스로 좋은 교사가 되고 싶은 욕구 내면에 모든 사람으로부터 인정받아야만 한다는 비합리적인 신념이 문제 사건을 야기했고 부정적 정서와 부정적 행동의 결과로 나타난 것이다.

4) 변화하는 모습 인식

장면 통찰 용지에서 심층적으로 분석한 관계·감정·욕구에 대한 내용을 장면 연구 용지에서 시간 순서로 다시 한 번 정리해야 한다.

역시 상대와 자신의 칸으로 나누어 감정과 욕구가 대상에 따라 어떻게 변화하는지에 대한 분석을 해야 한다. 되도록 빈도수가 높은 감정과 욕구를 중심으로 시간 순서로 작성하도록 한다. 이것은 자신과 상대의 감정이나 욕구가 상황에 따라 어떻게 변화되고 있는지 또 어떤 대상을 향해 있는지 세부적으로 관찰해 볼 수 있다. [표-4]에서 구체적인 장면 연구 작성 사례를 볼 수 있다.

	상 대	자 신
	누가 누구에게 어떤 감정을 갖고 있었다고 생각합니까?	누구에 대해서 어떤 감정을 갖고 있습니까?
감정	**다솜이 → 선생님** 수업 초반부터 선생님에 대해서는 짜증스럽고 위축감이 들었다. 수업이 진행되는 중반쯤에는 수업에 거부감이 들면서 지겹게 느껴지기 시작했고 계속되는 선생님의 질문에 대해 귀찮아지기 시작했다. 또 수업을 마무리하는 단계에서 역시 귀찮은 마음과 선생님이 못마땅하게 생각되었다. **다솜이 → 다른 친구들** 다른 친구들에 대해서는 주로 위축되고 주눅 드는 정도였다. 수업이 진행되는 과정 내내 선생님과의 갈등으로 다른 친구들에게 기대려 하였으나 오히려 선생님과의 원만한 관계를 형성하는 아이들에게 섭섭함을 느끼기도 했다.	**나 → 다솜이** 나는 처음에는 걱정스러움에서 출발한다. 수업 초반에 짜증스러움과 답답한 감정을 느끼게 되고 중반으로 갈수록 점점 심해져 울화가 치밀거나 저항감을 느끼기도 했다. 수업 후반부에는 초조함과 마무리 단계에서 서글픈 감정이 들었다. **나 → 다른 학생들** 수업 시작과 동시에 다솜이에 대해서만 신경이 쓰였으므로 중반쯤 와서야 아이들을 인식하게 되었고 아이들로부터 위안을 받았다. 또한 수업 후반에는 속상한 마음이 들기도 했다. **나 → 자신** 수업 후반에는 나 자신을 향해 쓸쓸하고 절망적인 기분이 되었다.
	상 대	자 신
	누가 누구에게 어떤 욕구를 갖고 있었다고 생각합니까?	누구에 대해서 어떤 욕구를 갖고 있었습니까?
욕구	**다솜이 → 선생님** 기본적으로 말하기와 글쓰기를 하고 싶지 않으며 수업 자체를 거부하고 싶다는 욕구를 가지고 있었다. 또 글쓰기를 잘해서 선생님으로부터 사랑받고 싶은 욕구가 있었다. **다솜이 → 다른친구들** 친구들에게는 별다른 감정을 느끼지 않은 것처럼 욕구 역시 주로 선생님을 향해 있었다. 그러나 이 글쓰기 수업에서 인정받고 싶은 욕구가 내재되어 있었다.	**나 → 다솜이** 다솜이를 수업에 반드시 참여 시킴으로써 교사로서의 나의 능력을 확인하고 싶은 욕구가 있었다. **나 → 다른 학생들** 좋은 교사의 역할을 수행하고 싶다는 욕구가 있었다. **나 → 자신** 한마디로 좋은 교사, 훌륭한 교사가 되고 싶다는 욕구가 있었다.

[표-4] 장면 연구 작성 사례

내담자와 다솜이는 수업 시작 단계부터 서로에 대한 부정적 감정으로 출발했다. 다솜이는 초반에는 전반적으로 위축되고 주눅 드는 감정이었다가 수업이 진행될수록 선생님과 수업에 대해 거부감을 보이며 매우 귀찮아했다. 본인이 싫어하는 쓰기 단계에서는 그러한 감정이 더욱 증폭되었다. 다솜이는 선생님 외에 다른 친구들에 대해 별다른 감정을 보이지 않는 것으로 나타나고 있지만 이것은 내담자의 주관적인 생각일 수 있다. 선생님보다 오히려 다른 친구들을 더 의식하고 있다는 가능성을 배제할 수 없다.

내담자의 처음 감정은 걱정으로부터 시작되었다. 이 감정은 앞에서도 제시하였듯이 다솜이에 대한 걱정이 아니라 수업이 제대로 이루어지지 않았을 경우 스스로가 받을 스트레스를 염두에 둔 걱정이다. 수업이 진행되면서는 겉으로는 부드러운 말과 표정으로 위장한 채 교사로서의 권위를 휘둘렀고 그로 인해 뿌듯한 감정을 느끼기도 했다. 그러나 다솜이가 여전히 부응하지 않는 것에 대해 불만이 생기면서 화가 나기 시작했다. 수업이 후반부로 접어들면서는 목적한 바를 달성하지 못하는 것에 대해 초조함을 드러냈다. 마무리 단계에서 보여주는 속상함과 서글픈 감정은 자신이 교사로서의 역할을 완성하지 못한 것에 대한 분노에서 비롯된 슬픔이었다. 결국 훌륭한 교사가 되고 싶은 욕구를 달성하지 못하였고 이것이 최악의 절망적인 기분으로까지 발전하고야 말았다.

선생님을 향한 다솜이의 욕구는 수업 자체를 거부하고 싶다는 것인데 이는 오히려 선생님으로부터 사랑받고 싶다는 욕구가 반동형성으로 표현된 것이라고 할 수 있다. 즉 자신이 글쓰기를 잘하지 못하기 때문에 선생님이 자신을 좋아하지 않는다는 생각을 할 것이고 그래서 욕구를 숨기기 위해서 선생님을 향하여 강한 거부감을 드러내고 있다고 할 수 있다.

내담자 자신의 가장 큰 욕구는 스스로 훌륭한 교사가 되어 내적·외적으로 인정받는 것이다. 이러한 욕구는 강하게 자신을 거부하는 한 아이로 인해 충족되지 못하고 결국 자신이 목표한 바를 이루지 못한 데서 오는 좌절이다.

장면 연구 용지를 작성하면서 내담자 스스로 얻은 효과는 감정이 상황에 따라 변화되고 있으며 전체적으로 부정적인 감정을 가지고 있다는 것이다. 또 그 감정들 사이에 미세한 차이를 드러내고 있다는 것도 알 수 있다고 했다. 욕구 역시 표면에 드러나는 것과 기저에 깔려 있는 욕구에 대한 심층적인 분석을 하는데 도움을 받을 수 있었다.

5) 자기반성을 통한 발견

마지막으로 앞의 네 가지 방식을 분석하면서 발견한 것을 '자신의 칸만을 읽고 깨달은 것', '상대의 칸만을 읽고 깨달은 것' 그리고 '자신과 상대의 칸을 동시에 읽고 깨달은 것'으로 각각 나누어 기록하도록 한다.

우리 인간은 서로 접촉하고 어우러져 살아가야 한다. 상대와 자신이 맞닿을 수 있는 곳을 지정하기 위해서는 통찰을 넘어 통합의 의미가 이루어져야 한다. 깨달음은 곧 문제를 의식화하여 알아차리는 것이며 이러한 깨달음을 얻기 위해 통합이 절대적으로 필요하다.

통합적 깨달음을 얻기 위해서는 기술 용지에 작성한 내용을 계속 되풀이해서 읽어야 한다. 셀프 카운슬링과 글쓰기의 공통점 중 하나는 읽기와 쓰기를 병행한다는 것이다. 쓰는 것도 중요하지만 잘 읽는 것 역시 무엇보다 중요하다는 것을 잊지 말아야 한다.

읽기 순서는 자신의 칸을 먼저 읽어야 한다. 왜냐하면 타인을 이해하기 전에 자신의 내면 들여다보기가 우선되어야 하기 때문이다. 시간 순서에 따라 자신 내면의 생각과 감정, 행동이 어떤 변화가 일어났는지를 인식하고 이를 말과 글로 옮겨야 한다. 말과 글로 옮긴다는 것은 곧 의식하였다는 것이고 의식은 '알아차림'[16]과도 연관이 있다. 다음으로는 상대의 칸을 읽는다. 이때 상대방의 입장이 되어야 한다는 것을 기억해야 한다. 이러한 과정에서 상대와 내가 어긋나기 시작한 지점을 알아차릴 수 있다. 마지막으로 자신과 상대의 칸을 번갈아 읽으면서 서로에게 어떤 영향을 주고 있는지 또는 어떤 불일치를 보이는지를 파악해야 한다. 장면 발견 작성 사례를 제시하면 아래 [표-5]와 같다.

자신의 칸만을 읽고 깨달은 것	상대의 칸만을 읽고 깨달은 것	자신과 상대의 칸을 동시에 읽고 깨달은 것
1. 다솜이와 다른 아이들을 대하는 나의 태도에 차이가 있었다. 다른 아이들을 대할 때는 긍정적인 감정을 보이다가 다솜이에게 와서는 급격히 부정적인 감정을 보이고 있다. 2. '반드시 좋은 교사가 되어야 한다' 라는 비합리적 신념이 내재되어 있다. 그러므로 끝까지 수업을 완벽하게 마무리해야 한다고 생각하게 했고 그것이 하기 싫은 아이를 더 다그치기도 했으며 결국 다솜이와 관계 맺기에 실패하고 말았다.	1. 남 앞에서 자신을 표현하는 것에 익숙하지 않으며 그것에 대한 원인을 찾아 해결해 주는 것이 급선무이다. 2. 또 나에게 갖는 부정적인 감정이 오히려 사랑받고 싶다는 욕구에서 기인한 다는 것을 알아차리고 아이 입장에서 따뜻하게 다독여 주어야 한다.	1. 우선 다솜이의 입장에서 생각하는 것을 잊었다. 쓰기와 말하기를 싫어하는 근본적인 이유를 알려고 하기 보다는 무조건 아이에게 강요만 해 왔기 때문에 아이가 수업을 거부하고 있는 것 같다. 2. 또한 완벽한 교사이기 보다는 노력하는 교사가 되기 위해 최선을 다해야 한다.

[표-5] 장면 발견 작성 사례

---

16) 알아차림은 게슈탈트의 형성과 관계된 것으로 자신의 욕구나 감정을 감지한 후 게슈탈트로 형성하여 전경에 떠올리는 것을 말한다.(한재희,「상담패러다임의 이론과 실제」, 교육아카데미, 2008, 228쪽.)

장면 발견 용지를 작성하면서 내담자는 자신이 무의식에서 정한 목적을 파악할 수 있었다. 그것은 '모든 아이를 수업에 동참하도록 해야 한다' 라는 것이다. 특히 누구보다도 다솜이를 수업에 참여하게 하려는 세부 목적을 세웠지만 이를 달성하지 못했다. 이에 대해 스스로 부정적 평가를 하게 되었다.

반성은 어떠한 관점에서 반성하느냐에 따라 반성의 방법이 달라진다. 내담자는 기본적으로 스스로 세운 목적에 부합하지 못한 결과를 얻었기 때문에 이를 부정적으로 평가했다고 볼 수 있다. 특히 목적을 달성하기 위해 아이를 다그치는 행위를 함으로써 대상으로 하여금 반항하려는 의지를 강화 시켰다고 볼 수 있다. '좋은 교사라면 학생이 어떤 반응을 보이더라도 인내심을 가지고 일관되게 대해야 한다' 라는 자기 신념은 교사로서의 역할을 제대로 하지 못한 것에 대한 자기반성을 넘어 좌절에 이르게 하였다.

야스마로는 이러한 목적과 규범의식에 준거한 자기반성은 자기 폐쇄적 결과를 초래하므로 목적과 규범을 초월하여 자기와 대상을 있는 그대로 이해하고 인정하는 자기 초월적 반성의 필요성을 강조한다.[17]

결과적으로 다솜이에 대해서는 선생님에 대한 적대감보다는 '쓰기'에 대한 거부감에서 비롯되었다는 것을 인정해야 한다. 내담자는 이 문제를 해결하기 위해서 쓰기를 강요하지 말고 다른 방식으로 수업을 유도하는 방법을 강구해 보는 것이 필요한 대안적 행동이다. 또한 '모든 사람에게 인정받고 사랑받아야 한다' 라는 비합리적인 신념은 '좋은 교사가 되기 위해 노력하는 것이 필요하고 완벽한 교사는 흔치 않다' 라는 대안적 결

---

[17] 야스마로, 앞의 책, 171~175쪽 참고.

론을 통해서 해결할 수 있다. 이러한 신념의 변화는 긍정적 감정변화를 가져와 내담자가 다솜이를 대하는 태도에 변화를 가져올 수 있다.

4. 나오는 말

셀프 카운슬링 양식을 기술하는 데 걸린 회기는 총 5회기 동안 이루어졌다. 장면 상황 용지를 작성하는 시작 단계에서 연구 동기, 장면 설명을 기술하고 상황 그림을 그림으로써 내담자가 느끼지 못했던 부분들을 발견하고 문제를 인식할 수 있다. 장면 기술 용지 작성은 문장에서 표현된 부정적 어휘를 구체적으로 분석하는 과정을 통해 주관화를 객관화할 수 있다. 또한 사람을 살리는 긍정어의 중요성을 인식할 수 있으며 이는 언어 사용이 관계 형성에 있어 많은 작용을 하고 있다는 것을 알 수 있다.

세 번째 단계인 장면 통찰 용지를 작성하고 분석하는 데는 많은 시간이 소요된다. 관계 분석을 통해 내담자와 대상으로 대립되는 관계의 지향점이 어디를 향해 있는지 체계적으로 도식화 할 수 있다. 감정 분석은 주관적인 감정선을 따라가면서 세밀하게 관찰하고 문제 상황을 객관적으로 들여다보는 데 도움을 받을 수 있다. 기저에 깔린 욕구 분석을 통해서 내담자와 대상이 부정적 감정과 행동으로 드러난 결핍을 파악하고 이를 충족시키는 것이 문제 해결의 출발이라는 것을 파악할 수 있다. 즉 원활한 문제 해결을 위해서 결핍된 욕구를 채워줄 수 있도록 하고 현실적이지 않은 욕구를 실현 가능한 욕구로 수정하는 것이 필요하다.

장면 연구 용지 작성은 시간 순서대로 필자와 대상간의 감정과 욕구 변화를 파악할 수 있다. 이러한 변화는 어떠한 지점에서 감정과 욕구가 정점을 찍고 있는 것인지 명확하게 인식하도록 도와준다. 마지막으로 장면 발견 용지 작성은 대상의 입장에서 생각해 보고 객관화를 다시 주관화하는 작업을 통해 비합리적인 신념을 합리적인 신념으로 바꿀 수 있다. 그리고 나와 대상을 이해하고 더 나아가 우리가 사는 세계를 이해할 수 있는 통합적인 통찰을 구할 수 있다.

　이러한 장점에도 불구하고 셀프 카운슬링과 글쓰기 상담의 한계점으로 제시할 수 있는 것은 자기 반성적인 부분이 강화될 수 있다는 것이다. 즉 타인에 대한 분석뿐만 아니라 자신에 대한 분석 과정에서 상황을 객관적으로 보고 타인을 이해하기 위해 노력하다 보면 자신의 생각이 잘못되었다는 자기 반성적인 성향으로 이끌 수 있다. 지나친 자기반성은 오히려 문제 해결을 위해 접근하는 과정에서 미리 좌절하거나 포기해 버릴 수 있다는 문제가 있다.

　또한 칸과 틀 안에 생각과 행동을 맞추다 보면 그 이외의 것들이 보이지 않을 수 있다. 즉 문제 현상을 지금·현재 상황에 초점화 시킴으로써, 근원적인 원인을 파악하지 못하고 복잡한 인간 경험을 단순화시켜 해석하는 오류를 범할 수 있다. 그리고 전 과정에 대한 분석을 스스로 해야 한다는 것이 내담자에게 분석능력과 이론에 대한 이해를 요구함으로써 내담 가능한 대상에 있어 제한이 있을 수 있다.

　우리는 세상에서 일어나는 상황이 마음을 아프게 하고 기쁘게 하는 것이라고 생각한다. 그러나 이것은 세상에 투사된 자신의 마음을 보고 왜곡하여 판단하는 것이라고 볼 수 있다. 즉 우리가 상처받고 고통 속에서 사는 이유는 타자화시킨 자신의 모습을 보고 괴로워하고 있는 것이다. 이러한 모습은 결코 자신의 본질이 아니며 왜곡된 이미지라고 할 수 있다. 이렇게 왜곡된 인식은 스스로를 불행하게 만들 뿐이다. 그러므로 자신의 본질적인 모습을 올바른 시각으로 바라보는 것이 필요하다. 글쓰기 상담을 통해 이러한 '바로보기'를 스스로 할 수 있다는 것이 가장 큰 성과이다.

본 논문에서 제시한 사례는 병리적인 현상으로 보기에는 소소한 문제 상황이다. 그러나 우리 삶속에는 이러한 상황이 끊임없이 일어나고 있다. 이렇게 '작지만 결코 작지 않은 자극'들이 인생 전반에 축적이 될 경우 자신의 삶에 부정적 영향으로 작용할 수 있다. 이것은 우리를 건강하게 기능하도록 두지 않는다. 이 때 전문 상담가를 찾아가는 번거로움과 경제적·시간적 부담을 줄이기 위해서 셀프 카운슬링과 글쓰기 상담 기법을 활용할 것을 제안한다. 이를 통해 인지·정서·행동에 대한 자기 자각과 자기 발견, 더 나아가 자기 이해와 통찰을 이룰 수 있다면 우리 삶을 더욱 건강하게 유지·증진 할 수 있다.

| 주제어 | 글쓰기, 상담, 셀프 카운슬링, 인지, 정서, 행동

참고문헌

박경애, 『인지·정서·행동치료』, 학지사, 1998.
이명미, 「MBTI 성격유형별 글쓰기 전략·글쓰기 능력과 효능감 향상을 중심으로-」, 한남대학교 박사학위논문, 2014.
이부영, 『분석심리학 – C. G. Jung의 인간심성론』, 일조각, 2007.
이상우, 『소설의 이해와 작법』, 월인, 2005.
정기철, 『지성인을 위한 글쓰기』, 역락, 2012.
한재희, 『상담패러다임의 이론과 실제』, 교육아카데미, 2008.
와타나베 야스마로, 황임란 역, 『교사를 위한 셀프카운슬링』, 우리교육, 2002.
Aaron T. Beck, Arthur Freeman, Denise D. Davis, & Associates, 민병배·유성진 역, 『성격장애의 인지치료』, 학지사, 2008.
Dennis Greenberger & Christin A. Padesky, 권정혜 역, 『기분다스리기』, 학지사, 1999.
Frank Wills, 박의순·이동숙 역, 『인지행동 상담과 심리치료 기법』, 시그마프레스, 2011.
Gaston Bachelard, 정영란 역, 『공기와 꿈』, 이학사, 2000.
James W. Penebeker, 이봉희 역, 『글쓰기 치료』, 학지사, 2007.
Leslie S. Greenberg, Sandra C. Paivio, 이흥표 역, 『심리치료에서 정서를 어떻게 다룰 것인가』, 학지사, 2008.

이 논문은 셀프카운슬링 기법에 대한 수업을 들은 후 내담자에게 직접 적용해 본 사례를 정리하여 완성한 것이다. 2014년 10월 한국언어문학회 정기학술대회에서 발표하였고, 논문으로 재구성하여 2015년 3월 한국언어문학회에서 발간하는 『한국언어문학』 제92집에 수록하였다. 이 논문을 계기로 글쓰기와 치료 분야에 대한 접목이 가능하다는 것을 확인하였으며, 필자가 연구자로서 한 단계 성장할 수 있는 계기가 되었다.

  참고로 본 논문은 내담자의 동의하에 발표한 것이다.

손민영

자기발견을 통한 성장의 글쓰기
– 이야기 치료의 자기서사 탐색을 중심으로

1. 들어가는 말

　근래 현대인의 내면 건강에 기여하는 인문학의 새로운 연구방법을 계발하는 과정과 관심의 일환에서 문학치료란 말이 사용되기 시작하였다. 문학치료는 "잃어버린 언어의 발견"[01]을 핵심으로 문학의 치유적 기능에 기대어 상실된 언어의 공백을 생산적인 방향으로 채워가는 데 일조하는 것이다. 방법적으로는 문학의 수용 뿐 아니라 쓰기나 극의 연행 등 문학의 생산적 측면까지 두루 다루고 있는데, 삶의 이야기가 깃든 것이 문학인만큼 문학치료에 참여하는 내담자의 '자기서사'[02]에 관여한다는 공동 함의가 있다. 그 중에서도 쓰기는 의식의 가시화가 가능하다는 점에서 특히 자기서사의 구성과 탐색에 용이하다. 여건에 따라 자가진단이나 조력자의 피드백이 가능한 언어활동이기 때문이다.

---

01) 변학수, 『문학치료』, 학지사, 2005, 13쪽.
02) 문학치료에서 서사는 문학 작품이나 인생의 저변에서 끊임없이 작용하고 있는 것에 이름을 붙인 것으로 특정 인간관계 안에서 발생한 문제에 대처하는 태도와 경향성을 갖고 있다. 여기서 각자의 삶을 구조화하여 운영하는 서사를 '자기서사'라고 하며 작품의 서사는 '작품서사'라고 한다.(나지영, 「문학치료학적 관점에서 본 탈북 청소년의 자기서사 진단 사례 연구」, 『통일인문학』, 건국대학교 인문학연구원, 2011, 76쪽 참고.)

자기서사 쓰기에 관한 연구는 비교적 최근에 이뤄지기 시작하여 양적으로 미미한 편이지만 쓰기의 가능성을 진단하고 확장하는데 주력하며 질적 성장을 꾀하고 있다. 연구 내용은 쓰기 역량에 주목한 연구[03]와 지식 융합의 패러다임에 기반한 연구,[04] 치유적 기능에 관심을 기울인 연구[05] 등으로 정리되는데 이들 연구는 지향점의 차이에도 불구하고, 쓰기의 활용 가능성을 모색하면서 쓰기에 참여하는 대상에게 밀착한다는 맥락을 갖는다. 아울러 이제 쓰기 연구는 쓰기의 범활용이라는 양적 범주와 더불어 개별적 접근을 통한 질적 범주 간 균형을 꾀할 수 있는 가능성의 지점에 닿은 것으로 보여진다.

따라서 본 글은 문학치료의 관점에서 쓰기를 통해 자기서사를 탐색하고 구성할 수 있다면 이는 자기발견으로 이어져 내적 건강의 유지 및 증진에 조력할 수 있다고 보면서 개별 사례를 통한 질적 접근을 시도하고자 한다. 구체적으로 대학원생 A(여성, 20대 후반)의 사례를 통해 쓰기가 자기서사와 자기발견에 관여하는 바를 살피고자 한다. 이를 위해 이야기 치료의 기법을 활용할 것이다. 이야기 치료는 인간의 심리적 억압이 왜곡되거나 누락된 자기이야기 즉 자기서사에서 비롯된다고 보는 문학치료의 한 갈래이기에 본 글의 논의에 유용할 것으로 본다.

---

03) 조호주, 「자기서사로서의 자기소개서 쓰기 교육 방안」, 『어문론집』62권, 중앙어문학회, 2015, 723-752쪽.; 이양숙, 「자기서사를 활용한 글쓰기 교육의 필요성과 방법에 대한 연구」, 『한국문학이론과 비평』50권, 한국문학이론과 비평학회, 2011, 169-189쪽.; 임지연, 「자서전적 자기서사 글쓰기의 통합적 효과를 위한 방법 연구: 사례를 중심으로」, 『비평문학』48권, 한국비평문학회, 2013, 313-345쪽.;손혜숙·한승우, 「대학 글쓰기에서 '자기 서사 쓰기'의 교육방법 연구」, 『어문론집』50권, 중앙어문학회, 2012, 419-450쪽.
04) 손혜숙, 「대학 글쓰기에서의 융·복합적 사고에 기반한 자기서사 쓰기 교육방법 연구—한남대〈논리적 사고와 글쓰기〉사례를 중심으로」, 『대학작문』14권, 대학작문학회, 2016, 243-269쪽.; 이숙정 외 2인, 「교양수업에서 '자기 서사적 글쓰기'가 대학생의 신뢰성향과 자아존중감에 미치는 영향」, 『교양교육연구』, 한국교양교육학회, 2014, 271-197쪽.
05) 나지영, 「문학치료학적 관점에서 본 탈북 청소년의 자기서사 진단 사례 연구」, 『통일인문학』52권, 건국대학교 인문학연구원, 2011, 71-112쪽.; 박영민, 「쓰기 치료를 위한 개인적 서사문 중심의 자기표현적 글쓰기 활동」, 『한어문교육』27권, 한국언어문학교육학회, 2012, 31-51쪽.; 이동순, 「자기서사 쓰기가 자기성찰에 미치는 영향 연구」, 『대학작문』15권, 대학작문학회, 2016, 219-237쪽.

2. 자기발견과 이야기 치료

인간이 보고 듣고 느끼는 많은 경험들은 이야기의 형식으로 구성되고 저장된다. 인간은 자신을 설명하고 표현할 때 이야기를 동원하며, 타인을 이해하고 받아들일 때에도 이야기를 동원한다. 이처럼 인간은 이야기 속에서 살아가지만 삶의 이야기는 결코 단순하지 않다. 그래서 그에 대한 끊임없는 고민과 성찰이 요구된다.

특히 이야기의 주체이자 중심축인 자기서사를 들여다보는 행위는 삶의 행복과 밀접한 관련이 있다. 자기서사의 탐색을 통해 자기를 깨닫는 과정 속에서 만나게 되는 자기발견은 "과거의 나와 직면하게 하고 현재의 나를 이해할 수 있으며 이를 바탕으로 미래의 나를 계획하고 자신의 꿈과 능력을 실현하면서 행복에 도달"[06]할 수 있도록 돕는다. 그동안 미처 자각하지 못했던 자기에 직면한다는 것은 억제나 회피에 대립되는 명제로 합리적 도전과 통합의 가능성을 내포한 자기성장의 중요한 밑거름이기도 하다.[07]

한편 최근 인간 삶의 정황을 더욱 총체적으로 이해해보려는 학문적 관심과 노력이 커지면서 다양한 분야에서 이야기 치료가 관심을 받게 되었다.[08] 이야기를 상담과 심리치료의 주요 방법도구로 삼아 접근하는 방식으로 인간의 삶에 대하여 논리적 혹은 분석적으로 접근하면서 나타나는 한계를 극복하는데 도움을 주는 분야이다. 이야기 치료의 상담자는 개인의 이야기가 다른 사람의 것과 다르다는 것을 인식하고, 내담자의

---

06) 정기철, 「자기성찰을 위한 글쓰기: 유서」, 『국어문학』60권, 국어문학회, 484쪽.
07) 융은 자기실현에 이르기 위해 자기도 몰랐던 자기를 발견하고 직면하는 내용을 주요한 과정으로 보았다. 아무 것도 없으면 아무 일도 일어나지 않듯이 직면이 있어야 그것을 수용하거나 극복하는 일련의 과정으로 연결되어 자기실현에 이를 수 있다. 자기실현 과정에 관한 자세한 논의는 『분석심리학-C.G.Jung의 인간심성론』(이부영, 일조각, 1998.) 58-125쪽을 참고할 수 있다.
08) 고미영, 『이야기 치료와 이야기의 세계』, 청목출판사, 2004, 3쪽.

억압적인 이야기가 특별하고 건강한 이야기로 형성되고 발전해 가도록 돕는다. 이 때 내담자의 이야기를 들으면서 심리 평가를 하거나 해석하기보다는 개인에게 영향을 미친 특정 사건에 대한 특별한 의미 부여 또는 특별한 의미가 없는 것에 대한 개인의 지배적인 이야기를 탐색한다. 특히 이야기 치료는 개인의 서사를 수월히 이야기하도록 도와 자기발견으로 이끈다. 개인의 특수성과 고유성에 주의를 기울이면서 현실에 대한 다양한 이해와 해석을 내리는 데 도움을 주는 것이다. 즉 "의미를 찾아내지 못하는 지난 경험들을 꺼내어 의미를 부여하고 다른 경험들과 연관지어 현재적인 의미를 형성할 수 있도록"[09] 조력한다.

이야기 치료가 미술이나 음악이 아닌 언어를 매개로 구성된다는 점과 인간의 서사에 관심을 기울인다는 점에서 이야기 치료는 글쓰기 교육에서도 충분히 활용될 수 있는 유용한 자원이다. 이야기 치료 상담사는 내담자 이야기의 "변화"[10]에 주목하고 거기에서 주요한 실마리를 찾고자 하는데, 변화의 지점을 탐색하고 확인하며 상담자, 내담자, 그리고 이야기의 상호작용을 이끄는 데에 글쓰기는 유용한 가시화 도구이기 때문이다.

서사를 구축하고 가시화하기 위해서는 일련의 선행 작업이 요구되는데 이야기 치료에서 주목하는 한 축은 정서적 기억이다. 정서는 인간을 인식하고 표현하는 "중요한 의사소통양식"[11]이면서 본인의 이성적인 자각 여부를 떠나 "삶의 만족과 관련된 문제"[12]를 다루는 기능이 있기 때문이다. 글쓰기의 교육적 접근은 서사 구축의 가시화 작업을 수월히 전

---

09) 정기철, 앞의 논문, 483쪽.
10) Jill Freedman · Gene Combs, 김유식 외 2인 공역, 『이야기치료-선호하는 이야기의 사회적 구성』, 학지사, 2009, 95쪽.
11) Robert Plutchik, 박권생 역, 『정서심리학』, 학지사, 2004, 159쪽.
12) 정서는 인류가 긴급상황에 대처하기 위해 진화된 것이기 때문에 삶의 문제를 다루는 데 유용하게 사용될 수 있다. 부정적 정서의 기억이 많은 것도 이같은 맥락이다.(위의 책, 158쪽.)

개하는 데 조력할 수 있으며, 이후 이야기 치료의 관점을 수용하는 자기 서사 변화의 탐색은 개인의 내적 성장에 조력하는 방편이 될 것이다.

3. 이야기 치료 기법을 활용한 자기탐색과 발견

삶의 이야기를 들여다보는 것은 자신을 발견하고 삶의 의미를 찾는 일과 연결되어 있다. 이야기의 주요 소재인 삶의 경험을 어떻게 해석할 것인지에 대해서는 여러 가지 가능성이 있지만 그 어떤 해석도 절대적 진리는 아니다.

본 연구에서는 자기발견을 통한 성장의 글쓰기를 위해 정서적 기억을 자극하고 그것을 서사로 풀어쓰는 활동을 전개하였다.[13] 정서환기법과 외재화기법은 자기서사를 가시화하는 데 활용되는 이야기 치료의 기법으로써, 정서환기법은 과거의 정서적 기억에 초점을 맞추어 서사구축을 위한 소재를 찾는 활동이다. 그리고 외재화기법은 풀어낸 자기서사를 3인칭으로 변환하여 서사를 객관화하는 활동이다. 두 가지 기법은 효과적인 글쓰기 장면 연출에 조력할 수 있는데, 우선 전자의 기법은 자기서사 구성의 물꼬를 트는 소재 탐색에 유용하며 후자의 기법은 자기서사의 '변화' 지점을 발견하고 검토하는데 유용하다. 이 두 가지 활동을 마친 후에는 효과를 높이기 위해 자신이 쓴 글을 다시 읽어 보고 자신의 생각이나 느낌을 자유롭게 쓰도록 하였다.

---

13) 사례자인 A와 연구자는 주 1회 100분씩 총 2회의 만남을 가졌다. 본 연구 목차의 3-1)과 3-2)는 각각 1회기와 2회기의 내용을 정리한 것이다.

1) 정서환기법을 통한 자기서사 탐색

이야기 치료에서 이야기의 시작은 유의미한 소재를 만나는 것에서 출발한다. 유의미한 소재를 추출하는 것에는 다양한 방법들이 있겠으나 정서를 중심으로 자기서사를 회상함으로써 소재를 추출하는 것은 주목받는 방법 중의 하나이다.[14] 정서는 행복감이나 스트레스와 밀착되어 생활에 영향을 미치기 때문일 것이다. 정서환기를 통해 자기서사를 시작하는 데 유용하게 사용될 수 있는 방법에 임상심리학자인 Bath Jacobs가 제안한 활동이 있다. 그는 글쓰기를 통해 자신의 정서를 다루는 방법을 제안하며 불편한 정서뿐만 아니라 좋은 정서를 기록함으로써도 유익을 누릴 수 있다고 하였다. 견딜 수 없는 감정 상태에 있을 때 좋은 경험을 쓴 글을 읽는 것은 문제해결을 위한 정서적 실마리를 제공한다고 보았기 때문이다. 연구자는 그가 제안한 '긍정적인 정서환기법'[15]을 자기서사 탐색에 활용하되 그것을 응용하여 부정적인 정서를 환기하는 방법까지 확장하였다. 긍정적인 정서 혹은 부정적인 정서만을 다루기보다 양가의 정서를 모두 환기하는 것이 균형잡힌 탐색 기회를 제공할 것이기 때문이다. 소개하면 다음과 같다.

---

14) 대학 글쓰기 수업에 참여한 대학생 1600여명을 대상으로 한 설문조사에서 어린시절부터 성장기까지 자신을 즐겁게하는 기억, 힘들게 하는 기억이 있냐는 질문에 전혀 없다고 답한 응답수는 각각 1%에 그쳤을 뿐 99%가 정서적 기억을 가지고 있었다. 그럼에도 불구하고 이를 표현할 수 있는 기회를 갖지 못했다고 답했다. 따라서 정서적 기억은 대다수가 가지고 있는 것이며 이를 표현할 기회가 마련되어야 한다. (손혜숙·한승우, 「대학 글쓰기에서 '자기 서사 쓰기'의 교육방법 연구」, 『어문론집』 50권, 중앙어문학회, 2012, 427-428쪽 참고.)

15) 제안된 양식의 빈 칸을 써내려감으로써 긍정적인 정서의 기억을 환기하는 방법이다. (Beth Jacobs, 김현희·이영식 공역, 『감정 다스리기를 위한 글쓰기』, 학지사, 2008, 50쪽.)

긍정적인 정서환기

다음의 문단을 완성하십시오.
- 나는 _____ 좋은 정서를 느꼈던 것을 기억합니다.
- 나는 _____ 한 정서를 느꼈습니다.
- 나는 _____ 있었고, _____ 을/를 봤던 것을 기억합니다.
- 그때는 내 인생에서 _____ 을/를 하고 있을 때였습니다.
- 나는 절대로 그때 당시의 _____ 을/를 잊지 못할 것입니다.
- 나는 다시 그때로 돌아갈 수는 없지만 그때의 정서를 다시 한 번 느낄 수는 있을 것이라고 분명히 확신합니다.

부정적인 정서환기

다음의 문단을 완성하십시오.
- 나는 _____ 정서를 느꼈던 것을 기억합니다.
- 나는 _____ 한 정서를 느꼈습니다.
- 나는 _____ 있었고, _____ 을/를 봤던 것을 기억합니다.
- 그때는 내 인생에서 _____ 을/를 하고 있을 때였습니다.
- 나는 절대로 그때 당시의 _____ 을/를 잊지 못할 것입니다.
- 나는 그때의 정서를 다시 느끼게 될까봐 두렵습니다.

긍정적인 정서의 기억은 감정적인 탄력성을 향상시켜 절망이나 슬픔에 빠졌을 때 도움을 줄 수 있으므로 이 기록은 잘 보관해 두었다가 필요한 순간에 꺼내 볼 수 있다. 반면 부정적인 정서의 기억은 아직 종결되지 않아 해결되지 않은 사건의 서사이므로 성장의 글쓰기를 위해 보다 면밀히 다뤄볼 수 있다. A가 쓴 긍정적인 정서환기 내용을 소개하면 다음과 같다. 논의의 편의를 위해 문장에 번호를 표시하였다.

긍정적인 정서환기

① 나는 나의 좋은 친구였던 강아지에게 좋은 정서를 느꼈던 것을 기억합니다.
② 나는 나의 좋은 친구였던 강아지와 놀면서 천국에 온 듯한 정서를 느꼈습니다.
③ 나는 강아지와 재미있게 놀고 있었고, 강아지가 웃는 것을 봤던 것을 기억합니다.
④ 그때는 내 인생에서 마음을 편안하게 해 주는 친구 탐색을 하고 있을 때였습니다.
⑤ 나는 절대로 그때 당시의 즐거웠던 기억을 잊지 못할 것입니다.
⑥ 나는 다시 그때로 돌아갈 수는 없지만 그때의 정서를 다시 한 번 느낄 수는 있을 것이라고 분명히 확신합니다.

A는 긍정적인 정서의 기억으로 유년기를 떠올렸다. 유년기는 가정이란 울타리를 벗어나 또래와의 관계 맺음을 중요한 과업으로 삼는 시기이다. 또래들은 우호적이고 수용적인 태도를 보여 주었던 부모와는 전혀 다른 태도를 보이므로 그들과 어울리기 위해서는 자기중심성을 조정하고 타협과 조율의 자세가 필요하다. ①과 ②에서 반복 사용되는 "나의 좋은 친구"는 과업에 집중한 유년기의 A를 드러낸다. ④의 "마음을 편안하게 해 주는 친구"를 원하는 모습은 A가 관계 맺음에 불편함을 느

낀다는 의미를 드러내기도 한다. A의 집에는 세 마리의 강아지가 있었고, 강아지와의 어울림은 관계 맺음의 연습이 되었을 것이다. 관계 맺음의 성취감은 A에게 좋은 기억으로 남아있다.

　실제로 A는 현재 타인과의 관계 맺음에 본인의 많은 에너지를 할애하고 있으면서 상대방과의 관계가 어떤 방식으로 전개되느냐에 따라서 우울한 감정과 기쁨의 감정이 널뛰기를 하듯이 요동친다고 하였다. 사람들에게 유쾌하게 다가서다가도 관계가 깊어질까 싶으면 바로 뒷걸음치고 나와서 적당한 선을 유지하려 애쓰는 경향도 있음을 고백하였다. A는 자신이 쓴 글을 읽으면서 당시의 좋은 정서가 다시 발생하는 것을 느꼈으며 또한 이 기록을 보관하고 그 기록을 다시 읽는 행위는 훗날 대인관계에서 부정적인 감정이 발생할 경우 그 감정을 희석하는 데에 도움이 될 것 같다고 인지하였다.

　다음으로 A가 쓴 부정적인 정서환기 내용을 소개하면 다음과 같다. 논의의 편의를 위해 문장에 번호를 표시하였다.

부정적인 정서환기

　① 나는 나의 친구였던 강아지의 죽음에 슬픈 정서를 느꼈던 것을 기억합니다.
　② 나는 강아지가 죽어서 누워있을 때 심장이 찢어지는 듯한 정서를 느꼈습니다.
　③ 나는 슬피 울고 있었고, 강아지의 몸이 굳어있는 것을 봤던 것을 기억합니다.
　④ 그때는 내 인생에서 좋은 친구를 잃은 좌절을 경험하고 있을 때였습니다.

⑤ 나는 절대로 그때 당시의 슬펐던 기억을 잊지 못할 것입니다.
⑥ 나는 그때의 정서를 다시 느끼게 될까봐 두렵습니다.

A는 부정적인 정서의 기억으로 긍정적인 정서환기와 같은 유년기를 떠올렸다. 기억의 대상 또한 강아지이다. A는 작성한 내용을 확인하며 양가 정서 모두 강아지가 관련되어 있다는 사실에 놀라워했다. 이어 자신의 이야기가 담고 있는 의미 발견을 통해 자신이 왜 유년기의 강아지에 관한 기억에 머물러 있는지 알고 싶어 하였고, 발견을 위한 탐색이 이어졌다.

부정적 정서환기의 글은 죽음을 이야기한다. A의 삶에서 처음으로 만나게 된 죽음의 모습은 강아지의 죽음이었다. 죽음이 구체적으로 무엇인지 알지 못하는 나이였지만 강아지의 죽음에 가슴이 아팠다고 한다. ②에서 "심장이 찢어지는 듯한" 느낌을 받았을 정도로 A의 고통은 컸다. ①의 한때 "나의 친구였던" 강아지와의 관계 단절은 ④의 "좌절"로 연결되었다. A는 자신이 쓴 부정적인 정서환기의 글을 읽으며 눈시울을 붉혔다.

일반적으로 부정적인 감정의 기억은 단기 기억보다 장기 기억인 경우가 많은데, 부정적인 감정의 기억이 미완성의 이야기에 해당되기 때문에 계속 기억나는 것이다. 장기 기억이기 때문에 기억을 구체적인 이야기로 서술하는 것은 막연하고 실체가 뚜렷하지 않았던 문제적 자기서사를 실질적으로 드러내는 작업이 될 수 있다. 따라서 미완성 이야기의 완결을 위해서 필요한 것은 당시의 상황을 세심히 파악하는 것이다. 이를 위해 A에게 부정적인 정서환기에서 드러난 유의미한 소재를 일기처럼 자세하게 작성하게 하였다. A의 글 전문을 아래에 소개한다. 논의의 편의를 위해 구절이나 문장에 밑줄을 긋고 번호를 표시하였다.

 나는 으레 그러하였듯 오늘도 유치원에 다녀와 집 안으로 곧장 들어가지 않는다. 현관을 빼꼼히 열어 다녀왔습니다아~ 한껏 소리치고는 어른들의 대답을 들을 새도 없이 가방을 현관 한 켠에 던져놓는다. 지금 나의 등 뒤와 옆에는 놀아달라고 경중경중거리는 강아지들이 있기 때문이다. 내 옆에 가만히 서서 꼬리를 흔드는 보리는 드라큘라처럼 송곳니가 바깥으로 나온 황토색 강아지다. 보리는 할아버지에게 본인의 이름 대신 선비라고 불릴 정도로 성품이 곱고 차분하다. 그 뒤에서 내 몸을 핥았다가 앞발에 몸을 실어 나를 밀쳐냈다가 하는 녀석은 별이다. 별은 투견이 될 운명을 거슬러 우리 집에 오게 된 흑갈색 강아지다. 날아다니는 것을 좋아하여 뒤꼍에 나비를 그렇게 쫓고는 한다. 마지막으로 내 허리까지 콩콩콩 뜀을 뛰고 있는 발바리는 아리라고 부른다. 윤기가 좔좔 흐르는 까만색 털과 꾀가 가득한 총명한 두 눈이 녀석의 매력이다. 세 마리의 강아지와 우르르 몰려다니면 세상을 다 가진듯한 기분이 들어서 신이 난다.
 집 안에서 나를 향한 어른 목소리가 들린다. 걔네들 대문 열어주지 마라~
 보리는 얌전해서 나가지 말라는 말을 잘 듣는다. 가만히 서서 나의 다음 말이 떨어지기를 기다린다. 별은 공만 뒤꼍으로 휙 던져주면 쏜살같이 그 공을 쫓아간다. 공을 찾을 때까지나 이름을 부르기 전까지 달려나오지 않는다. 그런데 아리는 나를 좀 긴장하게 한다. 아리는 늘 바깥세상으로 나가고 싶어 한다. 대문 밑에 난 작은 틈으로 늘 바깥을 내다보고, 내 무릎을 앞발로 툭툭 치면서 대문을 열어달라고 낑낑댄다.
 차에 치이기도 했고, 동네 꼬마에게 돌도 맞아 보았고, 현주슈퍼 셰퍼드와 싸워 피도 뚝뚝 흘려봤으면서 또 내보내 달란다.
 대문을 살짝 열어주었다. 아리가 눈 깜짝할 새 밖으로 뛰어 나간다. ① 나는 남은 두 마리의 강아지와 논다. 얼마 후 심하게 싸우는 개들의 으르렁 소리가 들린다. 집 앞 골목에서 또 현주슈퍼 셰퍼드와 아리가 싸움이

붙었다. 셰퍼드의 몸집은 아리보다 한눈에 봐도 5배 이상은 크다. 아리는 자신의 특기인 높이뛰기 실력을 발휘하여 셰퍼드와 무섭게 다툰다. ②무서운 생각이 든 나는 아리야 이리와~ 아리야 그만해~를 연신 외친다.

깨갱깨갱. 셰퍼드가 운다. 깨갱깨갱 운다. 아리는 그 조그만한 것이 아프단 소리 한번 안하고 싸워서 셰퍼드를 이겼다. 셰퍼드가 현주슈퍼 안으로 들어가고 이제야 아리는 내 말을 들었는지 대문 앞에 서 있는 나에게로 달려온다.

아리야. 얼른 들어가자. 어서 이리 와.

아리가 대문 앞까지 온다. 그런데 문턱을 넘지 않고 대문 앞 한 구석에 가만히 엎드린다.

아리야. 들어가자. 들어가서 쉬어.

아리는 마라톤을 뛰고 온 선수처럼 숨을 헐떡인다.

③힘들어서 그렇구나. 알았어 그럼 조금 쉬었다가 들어와. 보리~ 별~ 우리끼리 놀자.

시간이 꽤 흘렀다. 잠깐 쉬었다 들어올 줄 알았던 아리는 아까 그 자리에 엎드려 이제는 아예 쿨쿨 자고 있다.

언니가 학교에서 돌아왔다.

언니~ 아까 아리가 현주슈퍼 개랑 싸워서 이겼다. 피곤한가봐. 대문 앞에서 잔다. 언니 왜 울어?

A야. 어떡해. 아리 죽었어. 죽은거야.

④굉장히 딱딱하고 차가웠던 아리의 감촉이 아직 나의 손끝에 남아있다. 수많은 시간이 훌쩍 지나 어른이 된 지금도 여전히 그렇다.

이야기를 촘촘하게 펼쳐놓고 보니 A의 유치원 시절 이야기다. 이야기 초입에서 강아지 세 마리의 이름과 특성이 상당한 분량을 차지한다는 점에서 A와 강아지의 관계는 반려적이며 A는 강아지를 인간처럼 개성있는 존재로 인식하고 있다. A는 각자의 특성을 잘 아는 탓에 아리가 호기심이 많고 의기가 강하다는 것을 잘 알고 있다. 어른들은 바깥 세상에 대한 아리의 호기심을 무시하라는 '금기'를 내리지만 A는 이 금기를 어긴다. ①의 "남은 강아지 두 마리와" 노는 모습에서 자신의 기호처럼 아리의 기호를 존중한 것으로 보이고, ③에서 아리에게 쉴 시간을 주는 행동에도 아리를 배려하고 존중하는 모습이 나타난다. 그러나 금기를 어긴 A의 내면에는 긴장감이 형성되고, 이윽고 아리와 앞집 개 셰퍼드 사이에 싸움이 발생한다. A는 본인의 글을 다시 읽는 동안 ②의 "무서운 생각" 구절에 시선이 머물렀다. 이 때 A는 당시를 다시 회상하였다고 한다. 회상 내용을 정리하면 다음과 같다.

    문을 열어 주지 않았다면 아리가 셰퍼드와 싸울 일도 없었을 텐데…….
    이번 싸움으로 아리가 크게 다친다면 어떻게 하지? 내가 감당할 수 없는
    일이 벌어진다면 난 아마 어른들에게 많이 혼날거야.

결국 아리는 죽었다. 어른들에게 혼이 나진 않았지만 ④의 구절처럼 "딱딱하고 차가웠던 아리의 감촉"은 A의 손끝에 아직 머물고 있었다. 이 글을 다 읽고 난 A는 앞서 정서환기법에서 발견했던 자신의 관계 맺음 양상을 어느 정도 이해할 수 있게 되었다. '회자정리會者定離'라는 말처럼 만남이 있으면 헤어짐이 있는 것인데 A는 그 말이 늘 두려웠다고 한다. 관계를 맺으면 그 관계가 끊어지는 순간을 견뎌낼 자신이 없었고, 그래서 대인 관계에 에너지를 많이 쏟으면서도 정작 결정적인 순간에서 뒷걸음질을 쳤다고 한다. 금기를 어겨 아리의 죽음을 초래했다는 죄책감이 성인이 된 지금까지도 A의 관계 맺음 방식에 영향을 주고 있는 것이다.

2) 외재화기법을 통한 자기발견과 성장

정서가 안정되어 있을 때는 당사자를 보호하고 현명한 의사결정을 할 수 있도록 돕는다. 반면 정서가 불안정해지면 여러 종류의 고통과 혼란이 온다. 부정적인 정서적 경험에서 벗어났다 하더라도 여전히 본인은 그 정서에 갇혀있는 경우도 있다. 인식되지 않은 정서는 저절로 해결되기보다는 내재화가 되고 언제든 표출되어 문제상황을 만들 수 있다. 1인칭으로 전개된 A의 서사를 '3인칭으로 바꾸어 전개하는 것'[16]은 부정적인 정서의 기억을 세밀히 다루는데 기여하는 외재화기법이다. 이 방법은 자신의 문제적 서사에 함몰되지 않도록 거리감을 주고 객관적 시각을 기르는데 조력하는 작업이다. 관점이 변환된 글쓰기 내용에서 '변화'를 감지하고 그것에 주력하면 당사자가 알지 못했던 새로운 사실을 발견할 수 있다. 3인칭으로 바꾸어 쓴 A의 글을 아래에 소개한다. 논의의 편의를 위해 구절이나 문장에 밑줄을 긋고 번호를 표시하였다.

소녀가 유치원에서 돌아온다. 딩동딩동. 저리 가! 얼른 저리 안 가! 그녀의 엄마가 대문 앞에 모여든 강아지들을 쫓으며 대문을 열어준다. 소녀는 엄마 다녀왔습니다~ 인사를 하고 현관문을 빼꼼히 열어 할아버지 할머니에게도 인사를 한다. 현관문을 닫은 소녀는 거기에 가방을 내려놓는다. 소녀의 엄마는 소녀를 보고 웃으며 집 안으로 들어간다. 소녀는 세 마리의 강아지를 돌아가며 쓰다듬는다. 황토색 개를 쓰다듬고, 흑갈색 개를 쓰다듬는다. 이제는 새까만 개를 쓰다듬을 차례. 그런데 새까만 개는 아까부터 하염없이 콩콩콩 뜀뛰기를 하는 중이어서 쓰다듬기가 쉽지 않아 보인다. 소녀가 뒤꼍을 향해서 뛰어간다. 뒤를 이어 세 마리의 강아지가 우르르 소녀의 뒤를 쫓아간다. 소녀가 뒤꼍에서 앞마당으로 뛰어나오

---

[16] 이 기법은 감정표현 글쓰기를 연구한 James W. Pennebaker의 논의를 수용한 것이다. 관점변환 글쓰기에 대한 논의는 『글쓰기치료』(James W. Pennebaker, 이봉희 역, 학지사, 2007) 147-158쪽을 참고할 수 있다.

자 그 뒤로 다시 세 마리의 강아지가 우르르 쫓아나온다. 쫓아 들어가고 쫓아 나오고가 몇 번 반복된다. 소녀가 깔깔 웃는다. 강아지들도 신이 났는지 굉장히 빠른 속도로 자기들끼리만 뒤꼍까지 뛰어갔다가 나온다.

이 때다. 새까만 강아지가 소녀의 무릎을 앞발로 톡톡 건들면서 낑낑거린다. 집 안에서 어른 목소리가 들린다. 대문 열어주지 마라~ 그러나 소녀는 가만히 대문 앞으로 걸어가 살짝 대문을 연다. 열린 문틈으로 새까만 개가 쏜살같이 뛰어나간다.

소녀가 다시 대문을 닫는다. 남은 두 마리의 강아지를 쓰다듬고 안아주고 업어준다. 바깥에서 개들이 심하게 싸우는 소리가 들린다. 소녀는 귀를 기울이다가 현관 계단의 난간을 밟고 서서 바깥을 확인한다. 셰퍼드종의 커다란 개와 소녀네의 새까만 개가 엉켜서 싸우고 있다. 소녀는 난간에서 내려와 대문을 열고 그 앞에 서서 외친다. 아리야 이리와~ 아리야 그만해~ 연신 외친다.

깨갱깨갱 셰퍼드가 울더니 슈퍼 안으로 들어간다. 새까만 개는 대문 앞까지 와서 오른쪽 구석으로 가 엎드린다. 숨을 가쁘게 내쉰다.

아리야. 들어가자. 들어가서 쉬어.

힘들어서 그렇구나. 알았어 그럼 조금 쉬었다가 들어와. 보리~ 별~ 우리끼리 놀자.

이윽고 새까만 개의 가쁜 숨이 멎었다. 편안히 잠든 듯 가만히 엎드려 있다.

소녀보다 조금 더 큰 소녀가 책가방을 매고 걸어온다. 소녀가 더 큰 소녀를 발견하였다. 소녀는 대문앞에 서서 더 큰 소녀를 한 번, 새까만 개를 한 번 쳐다보며 이야기한다.

언니~ 아까 아리가 현주슈퍼 개랑 싸워서 이겼다. 피곤한가봐. 대문 앞에서 잔다.

더 큰 소녀가 쭈그리고 앉아서 새까만 개를 만져본다. 갑자기 훌쩍이며 운다.

언니 왜 울어?

A야. 어떡해. 아리 죽었어. 죽은거야.
①소녀가 깜짝 놀라 더 큰 소녀처럼 쭈그리고 앉아 새까만 개를 만져본다. 그리고 같이 운다.
②소녀는 새까만 개에게 '그럼, 나 이만 가 볼게. 안녕-' 인사를 받지 못했다.

글 후반에 이르기까지 인칭의 변화에 따른 부수적 변화 외에 전개상 두드러지는 변화는 보이지 않는다. 다만 서사가 외재화 되었으므로 ①에서 확인되듯이 개를 만진 감촉에 대한 직접적인 설명 대신 "개를 만져"보는 행위로 대체된다. 눈에 띄는 변화는 마지막 문장인 ②의 문장이다. ②를 통해 A의 서사에서 개의 죽음에 대한 책임 '죄책감'이 아닌 다른 국면이 발견된다. 1인칭 서사와 3인칭 서사의 마지막 변화 부분을 가져와 정리하면 다음과 같다.

1인칭	3인칭
(상략) 굉장히 딱딱하고 차가웠던 아리의 감촉이 아직 나의 손끝에 남아있다. 수많은 시간이 훌쩍 지나 어른이 된 지금도 여전히 그렇다.	(상략) 소녀가 깜짝 놀라 더 큰 소녀처럼 쭈그리고 앉아 새까만 개를 만져본다. 그리고 같이 운다. 소녀는 새까만 개에게 '그럼, 나 이만 가 볼게. 안녕-' 인사를 받지 못했다.

3인칭 서사의 마지막 문장을 통해 A의 자기서사 속에 담긴 핵심 의미가 드러난다. 서사의 완결을 방해한 것은 죽음에 대한 죄책감을 너머 준비없이 단절된 관계였다. 즉 부정적 정서 속에 담긴 핵심은 죄책감이 아니라 아리에게 "인사를 받지 못"한 사실에 대한 슬픔이다. 이같은 자기발견 이후 A는 대문 틈과 담벼락에 있던 작은 구멍을 기억했다. 아리는

발바리였기 때문에 평소에도 마음만 먹으면 대문 틈이나 담벼락에 난 작은 구멍으로 몸을 넣어 나가곤 했었다. 그런데도 A는 더 이상 생각이 나아가는 것을 억압하면서 '아니야. 그래도 내가 문을 열어 준 그 시간에 나갔기 때문에 앞집 개와 싸운거야. 다른 시간에 나갔다면 안 싸웠을지 몰라.'라고 외치며 생각의 진행을 멈추었던 것 같다고 했다. 즉 A는 외재화기법의 글쓰기를 통해서 자신의 오래된 상처를 발견하고 직면할 수 있었다. 이별의식을 치르지 못한 것이 A를 아리의 죽음에서 에돌게 한 것이다.

마지막으로 자신이 쓴 글을 읽어보고 자신의 생각이나 느낌을 쓰는 시간을 가졌다. 미완성의 이야기를 끝맺는 일련의 작업으로 형식 없이 자유로운 글쓰기를 제안하였다. 그러자 A는 본인의 서사를 읽고 하고 싶은 말을 썼다. 소개하면 다음과 같다.

> 아리야. 이별의식 없이 너와 이별한 것이 참 서운하구나. 하지만 이 세상엔 의식을 치를 수 없는 이별도 있지. 갑작스럽게 소중한 누군가와 헤어지는 일은 나만 겪는 일이 아니란 것도 잘 알고 있단다. 우린 비록 헤어졌지만 행복하렴. 안녕, 아리야. 안녕.

A는 미처 건네지 못했던 인사를 아리에게 건네며 서사를 끝마친다. 이 같은 A의 마지막 글에는 또다른 단서가 포착된다. 바로 자기중심성 수준에 머물고 있던 A의 언어가 한 계단 높은 수준으로 상승했다는 사실이다. 이것은 A의 내면 수준의 상승을 보여주는 의미있는 지표이다. 언어는 단지 "소리로만 표현되는 것이 아니라 느낌과 사고 그리고 의지로

표현되는 것"[17])이기 때문이다. 특히 "언어와 사고의 관계는 매우 밀접하여 개인의 언어 유형을 파악하는 것은 대단히 흥미로운 심리적 자료"[18]가 된다. Piaget는 인간의 인지 발달을 감각 운동기, 전조작기, 구체적 조작기, 형식적 조작기의 4단계로 설명하였다. 인간은 감각발달에 집중해 있는 감각 운동기를 거쳐 자기중심성의 전조작기를 만나고, 이어 자기중심성에서 탈피하고 탈중심화의 특성을 갖는 구체적 조작기를 만난다. 마지막으로는 문제 해결 능력이 고차원적으로 확장되는 조합적 사고(combinational thinking)의 형식적 조작기에 이른다. 이같은 Piaget의 인지 발달 단계는 A가 사용하고 있는 언어의 수준을 이해하는 데 도움을 줄 수 있다.[19] 1인칭 서사, 3인칭 서사, 자유로운 글쓰기에서 이별을 대하는 A의 문장들을 Piaget에 기초한 언어의 수준과 함께 정리하면 다음과 같다.

출처	A의 문장	Piaget 수준	내면 반영의 언어수준
1인칭 서사	굉장히 딱딱하고 차가웠던 아리의 감촉이 아직 나의 손끝에 남아있다. 수많은 시간이 훌쩍 지나 어른이 된 지금도 여전히 그렇다.	감각 운동기	감각중심성 (사건은 배제되고 감각에만 집중)

---

17) 변학수, 앞의 책, 13쪽.
18) Jean Piaget, 송명자·이순형 역, 『兒童의 言語와 思考』, 중앙적성, 1985, 7쪽.
19) Piaget가 제안한 인지 발달 4단계는 각각 일정한 시기가 되어야 완숙될 역량을 가지며 너무 이른 시기 완숙되거나 순서를 뒤바꾸지 않는다. 대략 12세 이후 형식적 조작기로써의 역량을 갖게 되는데, 역량을 가졌다고 해서 늘 형식적 조작기의 인지 특성을 보이는 것은 아니다. 인간 의식은 다층적이기 때문에 어느 사건에 대해서는 고차원의 인지 특성을 보이면서 또다른 어느 사건에 대해서는 저차원의 인지 특성을 보일 수 있다. (Bruce W. Scotton 외 2인, 김명권 외 7인 공역, 『자아초월 심리학과 정신의학』, 학지사, 2008, 8–9쪽 참고.)

출처	A의 문장	Piaget 수준	내면 반영의 언어수준
3인칭 서사	소녀는 새까만 개에게 '그럼, 나 이만 가 볼게. 안녕-' 인사를 받지 못했다.	전조작기	자기중심성 (자기가 인사받지 못한 것에 집중)
자유 글쓰기	우린 비록 헤어졌지만 행복하렴. 안녕. 아리야. 안녕.	구체적 조작기	탈중심성 (외부세계(타인)를 인식함에 따른 작별인사)

A는 정서환기 후 써 내려간 자기서사에서 아리의 차가운 감촉에 머물고 만다. 신체적으로 성숙한 어른이 된 시점에서도 더 이상의 사고 진전 즉 정신적 성숙은 나타나지 않는다. 이후 외재화기법을 사용한 3인칭의 자기서사에서 정체된 사고를 진전시켜 '이별의식'을 핵심 문제로 삼는 자기발견의 단초를 드러낸다. 핵심 문제에 대한 발견은 해결로 연결되어 자유로운 글쓰기에서는 아리에게 작별인사를 한다. 정리하면 글쓰기 활동을 통해 A의 언어는 감각중심성 수준, 자기중심성 수준, 탈중심성 수준의 언어로 상승되었다. 이는 곧 A의 내적 수준이 성장하였음을 보여주는 것이다.

4. 나오는 말 – 발전된 서사를 겸하여

본 논문은 자기서사를 탐색하고 자기발견을 돕는 치유적 글쓰기(therapeutic writing)를 논의하는 데 목적을 두었다. 이를 위해 이야기치료 기법을 활용하였고, 대학원생 A의 사례를 제시하였다.

먼저 정서를 환기하는 방법을 동원해 A의 자기서사를 탐색하였다. 그 결과 대인 관계에 많은 에너지를 쏟고 있으며, 그 기저에 자리잡은 '죄책감'을 발견하였다. 다음으로, 다른 시각에서 자기서사의 접근을 돕는 외재화기법의 글쓰기를 통해 자기서사의 '변화'에 주목하였고 '죄책감' 보다 더욱 본질적인 '치르지 못한 이별의식'에 상처받은 자기발견을 하였다. 마지막으로 자유로운 글쓰기에 까지 나타난 자기성장 내용을 검토하였다. 글쓰기 과정동안 A의 언어는 감각중심성, 자기중심성, 탈중심성으로 상승하였고, 이는 곧 내적 성장을 의미하는 것이었다.

덧붙이자면 A의 언어는 탈중심성에서 사고의 조합성 수준으로 성장 가능한 동력을 품고 있다. 구체적 조작기의 주된 특징인 탈중심성이 진전되면 형식적 조작기의 주된 특징인 조합적 사고를 만나는데, 외부세계(타인)와의 조화와 균형을 골자로 한다. A의 언어가 '감각집중-(자기중심의) 인사받기-(탈중심의) 인사하기' 양상을 보이므로 A의 언어에는 이보다 나아가 '(조화와 균형의) 인사 주고받기'의 언어 여백이 남아 있다.

본 연구에서 다룬 글쓰기 활동을 마치고 이주일 뒤 A는 연구자에게 찾아와 이후 발전된 자기서사를 들려주었다. 사실 A는 글쓰기 활동 당시 3년 가까이 만난 연인에게 문자로 난데없이 이별통보를 받았다고 한다. A는 곧 연인에게 이별에 동의하는 답장을 보낸 후 괴로움과 후회의 시간을 보냈지만 그 연인에게 다시 시작하자는 제안을 받았을 때 기쁘지 않았다. 그래서 제안을 거절했고 다시 괴로움과 후회의 시간을 보냈다. A의 반복되는 '이별(이별에 동의)-괴로움과 후회-이별(결합 거절)-괴로움과 후회' 패턴에서 A의 심리적 억압의 핵심 원인은 '이별'이 아니며 따라서 이별했던 연인과의 '결합'은 심리적 억압 해소의 결정적 열쇠가 아님이 드러난다.

과연 A는 탐색과 발견의 글쓰기 후 이러한 자신의 방황을 이해하게 되었다고 한다. A는 어린 시절 예후 없이 겪게 된 강아지와의 이별 서사가 연인과의 이별 서사로 재현되었다는 사실을 발견하였다. 즉 완결되지 못했던 자기서사를 세월이 지나 다시 만났으나 여전히 완결하지 못한 채 괴로워하고 있었던 것이다. A는 자신의 심리적 억압은 애착대상과의 분리 자체가 아니라 예후 없는 분리에 대한 슬픔이란 사실을 발견하였다. 그리고 '슬픔'에 대한 열쇠는 '결합'이 아니라 '애도哀悼'라는 사실을 깨달았다. 그래서 지금 A는 상실감에 대한 애도의 시간을 보내고 있었다. 이같은 A의 자기서사 발전에는 '자유로운 글쓰기'에서 "이별의 식" 없는 이별의 종류를 인정하며 미완결 서사에 마침표를 찍기까지 진전된 내적 성장의 영향력이 있었다고 사료된다.

 본 연구는 질적 접근을 통한 개별 사례라는 점에서 한계점과 의의를 갖는다. 직접 진행한 사례이므로 연구자의 영향력을 배제할 수 없고 개별 접근이라는 점에서 연구 결과의 보편성에 한계를 갖는다. 반면 쓰기 주체에 밀착한 유연한 접근을 통해 타인 지향적 글쓰기가 아닌 자기 지향적 글쓰기 관점을 포괄했다는 의의를 갖는다. 이같은 작업의 축적을 통해 글쓰기의 기능이나 목적이 확장된다면 그만큼 글쓰기의 중요성은 더욱 커지리라 기대한다.

|주제어| 이야기 치료, 자기서사, 자기발견, 정서, 외재화, 치유적 글쓰기

참고문헌

고미영, 「이야기 치료와 이야기의 세계」, 청목출판사, 2004.
변학수, 「문학치료」, 학지사, 2005.
이부영, 「분석심리학-C.G.Jung의 인간심성론」, 일조각, 1998.
Beth Jacobs, 김현희·이영식 공역, 「감정 다스리기를 위한 글쓰기」, 학지사, 2008.
Bruce W. Scotton 외 2인, 김명권 외 7인 공역, 「자아초월 심리학과 정신의학」, 학지사, 2008.
James W. Pennebaker, 이봉희 역, 「글쓰기치료」, 학지사, 2007.
Jean Piaget, 송명자·이순형 역, 「兒童의 言語와 思考」, 중앙적성, 1985.
Jill Freedman·Gene Combs, 김유식 외 2인 공역, 「이야기치료-선호하는 이야기의 사회적 구성」, 학지사, 2009.
Robert Plutchik, 박권생 역, 「정서심리학」, 학지사, 2004.

나지영, 「문학치료학적 관점에서 본 탈북 청소년의 자기서사 진단 사례 연구」, 「통일인문학」, 건국대학교 인문학연구원, 2011, 71-112쪽.
박영민, 「쓰기 치료를 위한 개인적 서사문 중심의 자기표현적 글쓰기 활동」, 「한어문교육」27권, 한국언어문학교육학회, 2012, 31-51쪽.
손혜숙, 「대학 글쓰기에서의 융·복합적 사고에 기반한 자기서사 쓰기 교육방법 연구-한남대〈논리적 사고와 글쓰기〉사례를 중심으로」, 「대학작문」14권, 대학작문학회, 2016, 243-269쪽.
손혜숙·한승우, 「대학 글쓰기에서 '자기 서사 쓰기'의 교육방법 연구」, 「어문론집」50권, 중앙어문학회, 2012, 419-450쪽.
이동순, 「자기서사 쓰기가 자기성찰에 미치는 영향 연구」, 「대학작문」15권, 대학작문학회, 2016, 219-237쪽.
이숙정 외 2인, 「교양수업에서 '자기 서사적 글쓰기'가 대학생의 신뢰성향과 자아존중감에 미치는 영향」, 「교양교육연구」, 한국교양교육학회, 2014, 271-197쪽.
이양숙, 「자기서사를 활용한 글쓰기 교육의 필요성과 방법에 대한 연구」, 「한국문학이론과 비평」50권, 한국문학이론과 비평학회, 2011, 169-189쪽.
임지연, 「자서전적 자기서사 글쓰기의 통합적 효과를 위한 방법 연구:사례를 중심으로」, 「비평문학」48권, 한국비평문학회, 2013, 313-345쪽.
정기철, 「자기성찰을 위한 글쓰기: 유서」, 「국어문학」60권, 국어문학회, 481-509쪽.
조효주, 「자기서사로서의 자기소개서 쓰기 교육 방안」, 「어문론집」62권, 중앙어문학회, 2015, 723-752쪽.

  이 논문은 이야기치료 기법에 대한 수업을 들은 후 필자가 내담자에게 적용한 사례 중심의 논문으로 2017년 3월 한국언어문학회에서 발간하는 「한국언어문학」 제100집에 수록하였다. 이 논문을 계기로 필자는 글쓰기교육 전공자로서 글쓰기교육이 지향해야 할 하나의 지점을 경험하고 고찰할 수 있었다. 글쓰기교육은 삶의 편의를 위한 글쓰기역량을 키우는 데 그 지향점을 둘 수도 있지만, 삶의 균형과 자기성장을 조력하는 데에 지향점을 둘 수도 있다.
  참고로 본 논문은 내담자의 동의하에 발표한 것이다.

| 편집후기 |

목요일 오후 9시,

근 12년 이상 우리는 각자의 우리를 각자의 공간에서 만났다.

12시간 전 강의실에서 나를 부르던 교수님의 목소리가, 동료들의 목소리가, 그리고 내 안의 나의 목소리가 하루를 고요히 내려앉힌 개인의 공간에 울려 퍼졌다. 서로 눈을 맞추고 이름을 부르며 분투하였던 우리의 이론 탐색과 실험적 탐구의 시간은 단지 이론과 실험으로 잠들지 않았다. 숨 쉬는 에너지로 살아나 온종일 우리의 들숨 날숨과 함께 발끝부터 머리까지 순환하였다.

에너지는 하루살이가 아니었다. 일주일동안 개인의 고유 에너지와 어울려 숙성되었고, 교수님을 비롯한 동료들의 위로와 지지를 양분삼아 꽃을 피우고 향기를 퍼뜨렸다. 그리고 이제 우리는 각자의 빛나는 별을 좇아 다르고도 같은 몸짓을 하고 있다.

이 책을 만드는 과정은 우주적 차원의 목요일 9시와 같았다. 타임머신에 올라탄 것처럼 각자의 잃어버린 단추를 발견하던 기쁨의 순간이 재현되었다. 동시에 현실의 우리는 과거의 존재를 지금 이 순간의 우리로 확장하였다. 그리고 그 순간은 생명력을 지닌 채 미래로 나아갈 것을 알고 있다. 고백하건데 우리는 책을 만드는 동안 우주의 시간을 경험하였다.

이미 졸업을 했으나 목요일 9시는 여전히 나의 삶에 머물고, 재학 중이지만 목요일 9시는 어떤 시간이든 어떤 곳에서든 생성될 수 있음을 온몸으로 느꼈다.

  우리의 글은 이제 오롯이 정제된 에너지를 품고 기꺼이 누군가의 씨앗이 될 채비를 갖추었다. '목요일 9시'가 부디 많은 독자들의 시간과 공간에 이롭게 쓰일 수 있으면 좋겠다.

2019년 5월
편집자를 대표하여
손민영

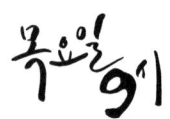 당신이 내 이름을 부릅니다

발행일 초판 1쇄 2019년 5월 15일
지은이 황임란 외

펴낸이 이영옥
편 집 김보영
펴낸곳 도서출판 이든북
전 화 042 · 222 · 2536
팩 스 042 · 222 · 2530
주 소 (34625)대전광역시 동구 태전로 43-1 (중동.의지빌딩) 201호

등록번호 제2001-000003호
이메일 eden-book@daum.net

ISBN 979-11-90022-71-2

값 12,000원

· 잘못된 책은 바꾸어드립니다.
· 이 책 내용의 전부 또는 일부를 재사용하려면 반드시 저작권자와
  이든북 양측의 동의를 받아야 합니다.

이 도서의 국립중앙도서관 출판예정도서목록(CIP)은 서지정보유통지원시스템 홈페이지
(http://seoji.nl.go.kr)와 국가자료종합목록시스템(http://www.nl.go.kr/kolisnet)에서
이용하실 수 있습니다. (CIP제어번호 : CIP2019018061)